D0794000

Vivre avec un père gai ou une mère lesbienne

Dans la même collection

À paraître

Deborah A. Miller, Ph. D.

Vivre avec un père gai ou une mère lesbienne

Les Éditions
LOGIQUES

LOGIQUES est une maison d'édition agréée et reconnue par les organismes d'État responsables de la culture et des communications.

Nous remercions le Conseil des Arts du Canada, le ministère du Patrimoine canadien et la Société de développement des entreprises culturelles du Québec pour leur appui à notre programme de publication.

Gouvernement du Québec – Programme de crédit d'impôt pour l'édition de livres – Gestion SODEC.

Nous reconnaissons l'aide financière du gouvernement du Canada par l'entremise du Programme d'Aide au Développement de l'Industrie de l'Édition (PADIÉ) pour nos activités d'édition.

Titre original : Coping when a parent is gay
Publication originale en anglais en 1993 par The Rosen Publishing Group, Inc., 29 East 21st Street, New York, NY 10010. Copyright © 1993 par Deborah A. Miller, Ph. D.

Traduction : Jean-Pierre Vidal
Révision linguistique : Daniel Roy
Correction d'épreuves : Corinne De Vailly
Mise en pages : Claude Bergeron
Graphisme de la couverture : Christian Campana

Distribution au Canada :

Québec-Livres, 2185, autoroute des Laurentides, Laval (Québec) H7S 1Z6
Téléphone : (450) 687-1210 • Télécopieur : (450) 687-1331

Distribution en France :

Casteilla/Chiron, 10, rue Léon-Foucault, 78184 Saint-Quentin-en-Yvelines
Téléphone : (33) 1 30 14 19 30 • Télécopieur : (33) 1 34 60 31 32

Distribution en Belgique :

Diffusion Vander, avenue des Volontaires, 321, B-1150 Bruxelles
Téléphone : (32-2) 761-1216 • Télécopieur : (32-2) 761-1213

Distribution en Suisse :

Diffusion Transat s.a., route des Jeunes, 4 ter, C.P. 1210, 1211 Genève 26
Téléphone : (022) 342-7740 • Télécopieur : (022) 343-4646

Les Éditions LOGIQUES
7, chemin Bates, Outremont (Québec) H2V 1A6
Téléphone : (514) 270-0208 • Télécopieur : (514) 270-3515
Site Web : www.logique.com

Vivre avec un père gai ou une mère lesbienne

ISBN 2-89381-859-5
LX 968

Note de l'éditeur

Dans cet ouvrage, l'utilisation du masculin a pour but d'alléger le texte pour en faciliter la lecture.

Toutefois, dans certains contextes qui s'y prêtent davantage, le féminin est privilégié, et ce, pour mieux refléter la réalité décrite.

À propos de l'auteure

Deborah Miller est professeure associée et coordinatrice des services de santé du Collège de Charleston, en Caroline du Sud. Son domaine d'expertise est la sexualité humaine. Elle enseigne au premier cycle et aux cycles supérieurs. L'un de ses points forts consiste à transmettre aux enseignants des moyens de favoriser la discussion de sujets délicats en classe.

Deborah Miller a publié plus d'une quinzaine d'articles scientifiques, elle a écrit un manuel scolaire, *Dimensions of Human Sexuality* et elle a dirigé plus de quarante ateliers sur divers aspects de la question. Pendant ses études de premier cycle à l'Université de l'Illinois, elle a passé un an à Cologne, en Allemagne, dans le cadre d'un programme d'échanges. Elle a obtenu son doctorat de l'Université de l'Oregon en 1982 et elle a fait partie des Outstanding Young Women of America en 1985.

Elle aime la montagne, les promenades sur la plage et prendre soin de ses deux teckels nains Buffie et Schnaupps. Elle est directrice musicale de l'église St-Joseph où elle chante et joue de la guitare.

Table des matières

CHAPITRE 1

Qu'est-ce qu'une famille?

S i quelqu'un vous demandait de décrire la famille occidentale typique des années 2000, que diriez-vous? Comment décririez-vous votre propre famille? Et la famille de votre meilleur(e) ami(e), est-elle différente de la vôtre? En quoi? Lequel des feuilletons télévisés que vous regardez régulièrement présente la vision la plus réaliste de la famille d'aujourd'hui? Vous le savez sans doute, les familles d'aujourd'hui se caractérisent par la diversité des formes et des styles.

Au cours des siècles, l'institution connue sous le nom de famille a subi de nombreux changements fondamentaux. Par le passé, la famille était le centre de la vie quotidienne et constituait la base économique et sociale de la société. Elle consacrait essentiellement ses efforts à assurer la survie physique de ses membres plutôt qu'à les rapprocher émotionnellement. Le mari, la femme et les enfants travaillaient ensemble à la ferme, à la boutique ou à l'entreprise familiale. La plupart des familles tiraient leur subsistance de l'agriculture et chacun de ses membres avait des responsabilités importantes. Le mari semait et moissonnait tandis que la femme dirigeait les employés, quand il y en avait, tenait les livres, s'occupait du jardin et fabriquait du savon et des chandelles qu'on vendait à l'occasion. C'est en travaillant aux côtés de leurs parents que les enfants développaient les habiletés dont ils auraient besoin plus tard dans la vie. En tant que cellule sociale de base, la famille s'occupait des malades, des blessés et des personnes âgées. L'apprentissage de la lecture, de l'écriture et de l'arithmétique se faisait à la maison, de même que l'étude de la religion.

LA FAMILLE PATRIARCALE

Historiquement, la famille d'autrefois était **patriarcale**, ce qui veut dire que le mari et père était le chef de la famille et qu'on lui devait le respect parce qu'il était un homme. Sa richesse dépendait de l'étendue des terres et des diverses propriétés qu'il possédait. À la mort du père, les fils héritaient de la terre, des propriétés ou de l'entreprise de la famille. Parfois, le père distribuait des terres à ses enfants quand ceux-ci atteignaient l'âge adulte ou lorsqu'ils se mariaient. Les mariages étaient arrangés par les parents et étaient considérés comme des contrats commerciaux plutôt que comme des « histoires d'amour ». La coutume voulait qu'une femme cède toutes ses propriétés et ses droits à son nouveau mari en guise de cadeau de mariage, ce qui avait pour résultat de la rendre économiquement dépendante de lui.

Pensez maintenant à votre famille. Votre père a-t-il une place attitrée au bout de la table ? Vous attendez-vous à ce que votre père travaille à l'extérieur de la maison et fasse vivre la famille ? Si au travail on lui accorde une promotion qui exige qu'il déménage, est-il entendu que la famille au complet déménagera ? Si votre père et votre mère discutent d'une question quelconque et qu'ils ne sont pas d'accord sur ce qu'il convient de faire, votre père a-t-il le dernier mot et prend-il la décision finale ? Si vous répondez oui à n'importe laquelle de ces questions, c'est signe qu'une forme quelconque de patriarcat est encore bien vivante dans votre famille.

L'IMPACT DE L'INDUSTRIALISATION

Au cours du dix-neuvième siècle, l'industrialisation produisit des bouleversements dans la structure familiale. Les usines fabriquaient désormais des machines agricoles et des appareils domestiques qui permettaient de gagner du temps. Les hommes migrèrent vers les villes pour travailler dans des usines et gagner des salaires avec lesquels ils pouvaient acheter ces appareils dont la famille avait besoin. C'est ainsi que naquit l'image de l'homme pourvoyeur de la famille ou de celui qui « gagne le pain ».

La structure du pouvoir dans la famille changea considérablement. Les enfants acquirent un certain pouvoir en travaillant dans les usines. Ils ne dépendaient plus de la terre ou des propriétés de leur père. Mais on attendait encore des femmes qu'elles continuent de s'occuper du foyer et des enfants. Beaucoup de femmes aimaient tenir ce rôle même si le travail qu'elles effectuaient à la maison n'était pas rétribué. Or, c'est justement parce qu'il était rétribué que le travail des hommes en dehors de la maison jouissait d'un statut supérieur à celui des femmes. Et en raison de ce rapport différent au travail, les femmes continuaient de dépendre économiquement de leur mari.

C'est ainsi que l'industrialisation donna naissance au concept moderne de famille nucléaire « traditionnelle » où les hommes travaillent à l'extérieur de la maison tandis que les femmes restent au foyer avec les enfants. Et vous, avez-vous été élevé dans une famille qui compte deux parents ? Si oui, votre mère ne travaille-t-elle qu'au foyer ou a-t-elle aussi un métier à l'extérieur ? Le pouvoir, dans votre famille, est-il exercé par celui qui gagne le plus d'argent ? Vos parents sont-ils des partenaires égaux dans presque tout ce qui concerne la famille ? Qui identifieriez-vous comme le « chef de famille » ? Avez-vous déjà demandé à votre mère si elle aimait avoir la responsabilité des enfants ? Avez-vous déjà demandé à votre père s'il ressentait beaucoup de pression pour assurer la sécurité financière de la famille ? Si vous avez été élevé dans une famille monoparentale, comment fonctionnait-elle pendant votre enfance ? Comment décidait-on de la répartition des tâches dans la maison ?

Les États-Unis ont toujours été considérés comme un *melting pot* (littéralement « une marmite à mélanger ») de peuples et de cultures ; le dix-neuvième et le début du vingtième siècle y ont amené des vagues d'immigrants qui venaient y chercher une vie meilleure pour leur famille. Pour préserver leur culture dans ce pays étranger, ils ont fondé des communautés qui gardaient vivantes leur langue d'origine, leur cuisine et leurs fêtes. Les Américains de souche, c'est-à-dire ceux dont l'émigration était plus ancienne, désignaient souvent ces enclaves par des termes familiers comme « *Chinatown* » ou « *Little Italy* ». Ces émigrants fournissaient aux usines une main-d'œuvre à bon marché où la famille entière devait travailler pour survivre. Les femmes et les jeunes enfants travaillaient entre douze et quatorze heures par jour pour ajouter au revenu de la famille. Vous imaginez-vous à quel point votre vie aurait été différente si vous aviez dû travailler en usine dès l'âge de neuf ou dix ans ? Et quelles chances auriez-vous pu manquer dans la vie si vous aviez dû abandonner l'école vers onze ou douze ans ? Comment vous seriez-vous senti si on vous avait envoyé dans une école séparée sur la base de votre origine nationale ? En quoi votre famille serait-elle différente de ce qu'elle est aujourd'hui ?

LA DÉPRESSION ET LES ANNÉES DE GUERRE

Entre 1910 et 1960, de nombreux événements vinrent remettre en cause le rôle traditionnel de chacun des deux sexes. Pendant la crise de la Première Guerre mondiale, près de vingt-cinq pour cent des femmes de la classe ouvrière allèrent travailler à plein temps à l'extérieur du foyer. Pour la première fois, les hommes se mirent à faire la cuisine et la lessive, et à s'occuper des enfants pour aider les femmes. Pendant les années de la dépression, les couples retardèrent leur mariage ou attendirent avant d'avoir des enfants. Ils en eurent d'ailleurs moins qu'ils ne l'auraient voulu. Le nombre de divorces diminua dans les années trente et au début des années quarante parce que les couples ne pouvaient se permettre de payer les soixante dollars que coûtait le divorce à l'époque. Pendant la Seconde Guerre mondiale, on encourageait les femmes mariées à travailler dans les usines qui avaient des contrats avec la défense nationale, tandis que leurs enfants allaient à la garderie. La place des femmes, traditionnellement à la maison, était-elle en train de changer ? Non, pas encore !

Après la Seconde Guerre mondiale survint le baby-boom et les couples commencèrent à se marier de plus en plus jeunes. L'économie était prospère et bon nombre des femmes qui avaient travaillé pendant la guerre abandonnèrent leur emploi pour retourner aux tâches ménagères à plein temps. Au lieu d'être parfaitement comblées par le mariage et l'éducation des enfants, comme elles s'y attendaient, elles souffrirent de solitude et se sentirent isolées de leur mari. Elles commencèrent à nouer des relations étroites avec d'autres femmes pour combler leurs désirs d'intimité émotionnelle. Malheureusement, les hommes pensaient que la sécurité financière était plus importante que le fait d'être émotionnellement proches les uns des autres dans la famille. C'est pourquoi ils développèrent des relations étroites avec d'autres hommes qui partageaient les mêmes intérêts professionnels qu'eux.

L'IMAGE DE LA FAMILLE « IDÉALE »

Avez-vous déjà regardé les reprises des feuilletons télévisés de ces années-là ? Ils présentaient une image de la famille « idéale » qui servait de modèle à tout le monde. Les femmes de ces feuilletons étaient des ménagères épanouies qui aimaient cuisiner, épousseter et s'occuper des enfants pendant que leur mari allait gaiement travailler. La famille semblait très proche émotionnellement et elle ne connaissait que des problèmes mineurs qui se réglaient en l'espace d'un seul épisode. Les maris étaient des travailleurs acharnés, mais ils savaient aussi se montrer sensibles et attentionnés, et ils passaient du temps en tête à tête avec leur femme. Mais en entrant dans les tumultueuses années soixante et soixante-dix, les pays occidentaux connurent de nombreux mouvements sociaux et des progrès technologiques et économiques considérables qui transformèrent davantage la structure et le mode de vie de la famille. Le mouvement pour la défense des droits civiques, le mouvement féministe, le mouvement pacifiste et les mouvements de défense des gais et des lesbiennes attirèrent l'attention sur divers problèmes de société. Les hommes et les femmes luttaient pour se libérer des rôles sexuels traditionnels et des attentes irréalistes qu'ils engendraient. En raison de l'inflation, le « rêve américain » de la maison à soi ne pouvait se réaliser bien souvent que si le mari et la femme travaillaient tous les deux. Les femmes avaient désormais des carrières, ce qui soulevait au sein des couples de nouvelles questions comme celle de savoir qui allait s'occuper des enfants. L'impact de la guerre du Viêtnam fut considérable et les démographes y attribuèrent directement l'augmentation du nombre de divorces. Ce phénomène transforma les femmes en « chef de famille » du jour au lendemain, puisque les tribunaux confiaient généralement la garde des enfants à la mère.

LA RÉVOLUTION SEXUELLE

La révolution sexuelle des années soixante-dix représenta une autre étape dans l'acceptation de plus en plus répandue des relations sexuelles hors mariage, lorsque celles-ci étaient fondées sur l'affection mutuelle et le souci de l'autre. La liberté sexuelle découlait en partie de l'usage de la pilule anticonceptionnelle qui permettait aux femmes de devenir sexuellement l'égale de leur partenaire. Les taux de divorce et de remariage grimpaient, un nombre appréciable de couples non mariés vivaient ensemble et de nombreuses jeunes femmes enceintes décidaient de garder leur bébé et de l'élever seules. Les homosexuels formaient encore une minorité persécutée, ce qui ne les empêchaient pas d'exiger des droits égaux en matière d'emploi, de logement et de services publics, mais aussi la possibilité d'être parents.

La famille occidentale des années quatre-vingt et quatre-vingt-dix diffère de celle d'autrefois de bien des façons, mais la plus importante concerne encore la définition qu'on en donne. Jusqu'en 1980, le bureau du recensement des États-Unis définissait la famille comme « un groupe de deux personnes ou plus, liées par la naissance, le mariage ou l'adoption, et qui vivent ensemble ». Il était cependant devenu évident qu'une telle définition était périmée et définissait trop étroitement la famille en se fondant uniquement sur des raisons biologiques ou légales. C'est pourquoi le recensement de 1980 élargit la définition pour y inclure les personnes qui partageaient le même logement et qui entretenaient une relation intime. Examinons maintenant quelques-unes des nouvelles formes de famille que l'on trouve dans les pays occidentaux en ce début de nouveau millénaire.

Michèle

Même si elle n'avait que sept ans, Michèle savait que sa famille était différente des autres. Presque tous les soirs, elle entendait ses parents se disputer. Elle avait si peur que son estomac se nouait et qu'elle restait éveillée jusqu'à ce que tout se termine. Elle n'arrivait pas à se rappeler la dernière fois qu'une sortie en famille ne s'était pas terminée par une querelle quelconque. Michèle essayait d'être gentille et de ne pas poser de problèmes, mais rien ne semblait marcher.

Un soir que les cris étaient particulièrement forts, les voisins appelèrent la police. Aussitôt après, elle entendit son père quitter la maison en claquant la porte. Les soirs suivants, le silence ne fut plus rompu que par les pleurs de sa mère seule dans son lit.

Pendant plusieurs mois par la suite, Michèle ne vit plus son père qu'en de rares occasions. Elle l'aimait et il lui manquait beaucoup, mais elle ne s'ennuyait pas des disputes de ses parents. Un soir, sa mère lui dit qu'elles iraient toutes les deux au palais de justice la semaine suivante pour rencontrer une personne très sage que l'on appelle un «juge». Celui-ci lui poserait quelques questions et elle n'aurait qu'à répondre franchement et de son mieux.

La juge était une femme très gentille et Michèle l'aima tout de suite. Après plusieurs questions faciles, la juge lui posa la question la plus importante : «Avec qui veux-tu vivre, avec ta mère ou avec ton père ?» Michèle aimait ses deux parents, mais elle se sentait plus à l'aise avec sa mère. La juge dit que son père ne vivrait plus avec elles, mais elle rassura Michèle : elle pourrait continuer à le voir. Michèle se mit à pleurer sans parvenir à s'arrêter : elle avait peur que son père ne l'aime plus.

Ramon

Ramon était un orphelin qui avait passé toute sa vie dans des foyers d'accueil. À quinze ans maintenant, il avait l'impression que personne ne voudrait l'adopter. Il était devenu très proche de l'assistante sociale qui s'occupait de lui, Mme Martineau. Un jour, elle lui dit qu'un avocat nommé Richard Jeanson voulait le rencontrer. Quand Ramon lui en demanda la raison, Mme Martineau lui dit qu'il voulait adopter un garçon. Elle pensait qu'ils avaient des chances de bien s'entendre. Comme Ramon avait confiance en Mme Martineau, il accepta de rencontrer M. Jeanson.

Ramon ne ferma pas l'œil de la nuit. Il se demandait à quoi pouvait ressembler M. Jeanson. Quel âge pouvait-il avoir ? Mme Martineau avait dit qu'il vivait seul maintenant, mais depuis combien de temps ? Voudrait-il d'un adolescent ou préférerait-il adopter un garçon plus jeune ? Et même s'ils s'entendaient bien tous les deux, le juge permettrait-il à une personne seule de l'adopter ? Les questions se bousculèrent dans la tête de Ramon jusqu'à deux heures du matin, puis il finit par sombrer dans le sommeil avec ses écouteurs sur les oreilles. La sonnerie du réveil le fit sursauter. Il se précipita sous la douche, encore à moitié endormi, mais la tête toujours pleine de questions. Mme Martineau vint le chercher en voiture et ils se rendirent au parc pour le rendez-vous. M. Jeanson les attendait. Il était nettement plus jeune que ce qu'avait imaginé Ramon. Il lui donna une solide poignée de main, pleine d'assurance, et dit à Mme Martineau qu'il ramènerait Ramon à son bureau à dix-sept heures. Tout en faisant à Ramon un clin d'œil complice, Mme Martineau remonta dans sa voiture, puis repartit.

Jamais Ramon n'aurait cru que le temps pouvait passer si vite. Richard était un homme simple et très brillant. Il poussait Ramon à réfléchir et lui posait des questions que personne avant lui n'avait jamais posées à l'adolescent. Ils riaient de bon cœur en se bombardant mutuellement de questions. C'est Richard qui posa la dernière question. Ramon aimerait-il passer encore de bons moments en sa compagnie ? Sans hésiter, Ramon répondit par l'affirmative.

Plusieurs mois passèrent et Mme Martineau pouvait constater que le visage de Ramon s'illuminait chaque fois qu'elle mentionnait le nom de Richard. Mais quand elle lui demandait si Richard parlait de l'adopter, Ramon se fermait et devenait triste. Pourquoi Richard n'en avait-il pas parlé d'une façon ou d'une autre ? Elle essayait de consoler Ramon en disant que Richard essayait sans doute de trouver les mots pour lui dire quelque chose à ce sujet, mais qu'il n'y arrivait pas. Elle suggéra à Ramon de demander à Richard pourquoi ils passaient tant de temps ensemble. Quelles étaient ses intentions ? Même si Richard ne voulait pas l'adopter, ils pouvaient peut-être au moins être amis et se voir de temps en temps. Il valait mieux savoir dès maintenant s'il allait ou non avoir un père.

Il fallut à Ramon presque toute la journée, mais il posa finalement la question à Richard. Ce dernier inspira profondément et répondit qu'il avait toujours voulu avoir un fils et qu'il adorerait adopter Ramon, mais qu'avant, il avait quelque chose à lui dire. Quand les mots sortirent finalement de sa bouche, Ramon crut d'abord que Richard plaisantait. Mais quand il le regarda dans les yeux, il vit tout de suite qu'il disait la vérité. Richard avait simplement dit : « Je suis gai ».

Ramon était furieux contre Mme Martineau ; il fulminait en faisant les cent pas dans son bureau ; elle se contenta de laisser passer l'orage. Quand il se calma, elle lui demanda de penser au genre de personne qu'était Richard, une personne qui avait tant à lui offrir, une personne qui s'était montrée particulièrement franche avec lui. Elle lui demanda si, de son côté, il avait été tout à fait franc avec Richard. Lui avait-il dit qu'il avait été arrêté une fois pour vol et une autre fois pour avoir conduit sans permis ? Ramon baissa la tête et fit signe que non. Mme Martineau lui décocha le fameux sourire dont elle avait le secret et lui dit que Richard savait tout de ses démêlés avec la police, mais que cela ne le dérangeait pas. Quand il l'avait appris, Richard s'était contenté de dire : « Si Ramon avait eu un père qui l'avait aimé, cela ne se serait jamais produit ». Ramon se demanda ce que cela lui ferait d'avoir enfin un père qui se soucie de lui, même si ce père était gai.

Les mois suivants s'écoulèrent très lentement pour Ramon. Il n'arrivait pas à comprendre quel problème pouvait bien soulever son adoption. Richard était un avocat respecté et pouvait bien évidemment se permettre financièrement d'avoir un fils. Mme Martineau essayait de le rassurer en lui disant que les adoptions exigeaient beaucoup de paperasse et qu'il faudrait du temps pour que tous ceux qui avaient leur mot à dire dans le système puissent signer les documents nécessaires. Le problème venait-il de ses arrestations antérieures ? Ou peut-être que son origine hispanique avait quelque chose à voir avec le retard ? Mais quel était le problème à la fin ?

Après presque un an, le rêve de Ramon se réalisa finalement. Richard Jeanson devint légalement son père. Mme Martineau, la famille chez qui habitait Ramon et quelques-uns des amis les plus proches de Richard participèrent à une petite fête pour célébrer l'événement. Pour la première fois de sa vie, Ramon avait l'impression d'avoir enfin un endroit qu'il pouvait considérer comme chez lui. Peu lui importait, finalement, que Richard soit gai. Était-ce pour cette raison que son adoption avait pris tant de temps et qu'il avait dû lui-même répondre à tant de questions ? Tout ce que Ramon savait, c'est que Richard était une des personnes les plus gentilles et les plus aimantes qu'il avait jamais rencontrées. Et n'était-ce pas la seule chose qui comptait dans une famille?

Denise

Toute sa vie, Denise avait su qu'elle voulait être mère. Chaque fois qu'elle voyait un bébé dans une poussette, son cœur se serrait. Elle adorait s'occuper de Jérôme, son neveu de dix mois. Mais avoir son propre bébé, ce n'était pas la même chose. Outre sa mère et sa grand-mère, Denise vivait avec sa sœur de dix-sept ans, Felicia, et Jérôme, le bébé de celle-ci. Même si elle n'avait que quatorze ans, Denise savait qu'elle était déjà une meilleure mère que sa sœur. Felicia, en effet, ne pensait qu'à sortir avec ses amis et à s'amuser. Elle ne voulait pas que le bébé dérange sa vie, mais elle ne voulait pas non plus le faire adopter.

À l'école, Denise avait une moyenne presque parfaite et elle était très populaire auprès des autres élèves. Comme elle avait l'air beaucoup plus vieille que son âge, elle commença à sortir avec un garçon plus âgé nommé William. Après l'avoir fréquenté pendant dix mois, elle savait qu'elle l'aimait et qu'elle voulait porter son enfant. Elle trouvait qu'il était très beau dans son uniforme de cadet de l'armée et elle se demandait de quoi aurait l'air leur bébé. Aurait-il les fossettes de William ou ses yeux à elle?

À l'approche de la fin de son secondaire, William n'arrivait pas à décider s'il s'engagerait dans la marine ou s'il irait à l'université. Denise adorait la façon dont ses yeux brillaient et dansaient quand il parlait de « voir le monde », et de servir son pays. Mais on lui avait aussi offert une bourse pour jouer au football à Notre-Dame, une des universités américaines les plus réputées dans le domaine. Grâce à cela, il pourrait être la première personne de toute sa famille à aller à l'université. Denise savait bien ce qu'elle ferait à sa place.

La semaine passa très lentement à l'école et Denise n'en pouvait plus d'attendre le week-end pour annoncer la grande nouvelle à William. Quand il vint la chercher pour aller manger à leur pizzeria préférée, elle comprit que ce soir serait le moment idéal. Tout de suite après avoir commandé, William lui dit qu'il avait une nouvelle formidable à lui annoncer. Elle répondit qu'elle aussi avait quelque chose à lui dire, mais qu'il pouvait parler le premier. Alors, William lui dit qu'il s'était engagé dans la marine et qu'il partait pour San Diego dans deux semaines. Les pleurs montèrent aux yeux de Denise quand elle comprit que William ne verrait jamais son enfant. Mais elle savait que ce serait le plus beau bébé du monde, qu'il l'aimerait et qu'il aurait besoin d'elle.

Frédéric

Le jeudi suivant, c'était le huitième anniversaire de Frédéric et il se demandait ce que sa mère lui offrirait : un nouveau jeu Nintendo ou le train électrique dont il rêvait depuis plus d'un an. Il savait que son anniversaire était quelque chose de très spécial pour sa maman, mais il ne savait pas trop ce que cela voulait dire d'avoir été conçu par insémination artificielle. Qui était son père et où vivait-il ? Pour un enfant, quel genre de personne pouvait bien être un père qui ne savait même pas si son rejeton était un garçon ou une fille ? Pourquoi sa mère parlait-elle de son « horloge biologique » et du temps qui lui était compté ? Frédéric ne la trouvait pas vieille, même si elle avait eu cinquante ans, trois mois plus tôt. Elle lui disait toujours qu'elle avait tellement voulu avoir un fils et qu'il était pour elle l'enfant miracle. Mais lui, il lui manquait un père et il se posait souvent des questions à propos de ce père absent, même s'il aimait passer son temps avec ses oncles et ses cousins. Ceux-ci essayaient de l'emmener camper, chasser et pêcher avec eux toutes les fois que c'était possible. Il avait incité sa mère à devenir mère de meute pour sa troupe de louveteaux et il était fier de la façon dont elle aidait tous ses amis. Mais surtout, il chérissait la relation qu'il avait avec sa maman. Ils pouvaient parler de tout. Même quand il avait des problèmes (et c'était presque tous les jours, lui semblait-il), il savait que sa mère l'aimait.

Ken Ho et Eva

Au cours des dix-huit derniers mois, Ken Ho et Eva Tau avaient vu leur mère se transformer lentement : la personne active et pleine de vie s'était changée progressivement en femme fragile et grabataire. Leur grand-mère leur avait expliqué que leur mère avait une tumeur inopérable et qu'elle allait mourir bientôt. C'est pourquoi ils devaient l'aider le plus possible et lui faire partager tout ce qui se passait chaque jour à l'école.

Ken Ho et Eva voulaient tous les deux que les choses redeviennent comme avant. Ils étaient furieux de savoir que leur mère allait mourir et ils détestaient les docteurs. Chaque fois qu'elle allait à l'hôpital pour ses traitements, elle revenait plus affaiblie et encore plus fatiguée. Qui allait s'occuper d'eux quand elle serait morte ? Leur père serait-il capable de faire les courses, la cuisine et la lessive ? Qui les conduirait à leur entraînement de foot ou à la danse ? Leurs grands-parents allaient-ils vivre avec eux en permanence ou devraient-ils attendre seuls que leur père rentre du travail ?

Les mois passèrent et leur mère mourut en avril. Leur grand-mère partit et les enfants se sentirent abandonnés. Maintenant que leur mère était morte, plus personne ne comprenait ce qu'ils ressentaient. Même leurs professeurs ne pouvaient pas comprendre. Comment pouvaient-ils faire leurs devoirs à la maison alors que leur père semblait si malheureux ? Rien de ce qu'ils pouvaient faire ne parvenait plus à lui arracher un sourire. Ils auraient préféré mourir eux aussi !

Christine

Être une adolescente n'était déjà pas chose facile, mais être une adolescente dont les parents étaient en train de divorcer, c'était presque trop pour Christine. Elle se disputait sans cesse avec sa mère, du moins quand celle-ci voulait bien lui parler. Car, par moments, sa mère l'ignorait purement et simplement pendant des jours entiers. C'étaient les pires moments. Au moins, quand elles se disputaient, sa mère faisait attention à elle. Quoi qu'elle fasse, ce n'était jamais assez bien pour sa mère. Ses cheveux étaient trop longs, ses vêtements trop fous et ses amis étaient tous, paraît-il, des drogués ! Christine pensait que sa mère était la personne la plus malheureuse et la plus cruelle du monde. Il n'y avait aucun doute dans son esprit qu'elle choisirait d'aller vivre avec son père après le divorce.

Son père n'était pas parfait, mais au moins ils arrivaient à se parler. Il n'avait jamais dit la moindre chose négative sur sa femme et il n'avait jamais levé la main sur Christine. Il se contentait de blâmer la ménopause pour le tempérament maussade de sa femme et il disait qu'ils n'étaient tout simplement plus compatibles, elle et lui. Au moment de la séparation, Christine se fit dire qu'elle irait vivre six mois chez sa mère, puis six mois chez son père avant de pouvoir choisir avec qui elle irait ensuite vivre en permanence.

Son père avait-il perdu l'esprit ? Elle ne pourrait jamais vivre avec sa mère pendant six mois sans qu'il soit présent pour s'interposer. Que pouvait-elle faire pour empêcher cela ? Elle décida d'en parler à l'avocat et de lui demander d'arranger une réunion de famille où elle pourrait faire état de ses sentiments en face de ses deux parents réunis. Qui avait eu l'idée de la forcer à vivre avec chacun d'eux pendant six mois ? Sa mère avait-elle dit qu'elle la voulait ? Personne n'avait demandé à Christine ce qu'elle voulait. À quatorze ans, elle pensait être assez vieille pour pouvoir leur dire qu'elle voulait vivre avec son père. Personne ne pourrait la forcer à vivre avec sa mère. S'ils essayaient de le faire, elle se sauverait et disparaîtrait définitivement dans les rues de la ville.

La séparation et le divorce furent difficiles, mais Christine savait qu'elle avait pris la bonne décision en allant vivre avec son père. Sa mère et elle se virent de moins en moins souvent, et Christine avait même l'impression que sa mère n'existait tout simplement plus. Chaque jour, sa peine diminuait, car elle se rapprochait de plus en plus de son père. Il essayait de passer moins de temps au bureau et plus de temps avec elle. Ils aimaient aller au cinéma ensemble, jouer aux quilles et faire du cheval une fois de temps en temps. Elle voyait qu'il faisait tout ce qu'il pouvait pour être à la fois une mère et un père pour elle, mais Christine avait maintenant seize ans et se montrait très indépendante. Elle commença à s'engager dans les groupes de jeunes de sa paroisse et finit par convaincre son père d'accepter lui aussi des responsabilités dans les divers services de bénévoles de leur église. Et c'est à un petit-déjeuner organisé par la paroisse qu'il rencontra Dorothée.

Elle était aussi divorcée et avait deux garçons, Jean et Éric. Ils avaient dix et sept ans, et n'arrivaient même plus à se rappeler qu'ils avaient déjà eu un père. Christine trouvait Dorothée fascinante et aimait beaucoup converser avec elle. Elle se demandait si elle aimerait avoir une belle-mère qui pourrait lui donner des conseils d'un point de vue de femme. Christine décida alors de présenter Dorothée à son père. Le seul problème, c'était les deux garçons. Comment se sentirait-elle avec deux demi-frères? Perturberaient-ils la relation qu'elle entretenait avec son père ou serait-elle toujours la petite fille à son papa?

Il y avait longtemps qu'elle n'avait pas vu son père rire et discuter avec d'autres adultes à l'occasion d'une rencontre sociale. On l'avait même convaincu de passer une heure à faire des crêpes et par la suite, de faire le service aux tables. Dès le moment où ils se rencontrèrent, Dorothée et lui donnèrent l'impression d'être de vieux amis, et Christine comprit soudain à quel point la vie de son père devait être vide. Quand était-il sorti la dernière fois avec des amis ? Combien de femmes avait-il rencontrées au cours des deux dernières années ? Trois ? Quatre ?

Après être sorti avec Dorothée pendant un an, le père de Christine la demanda en mariage. Christine aimait sincèrement Dorothée, mais elle avait un peu peur de se retrouver avec deux frères plus jeunes. Elle aimait la relation qu'elle entretenait avec son père en tant que fille unique. Allait-il se mettre à préférer ses nouveaux fils à sa fille ? Avait-il encore besoin d'elle maintenant qu'il avait Dorothée ?

S'adapter à Jean et à Éric ne fut pas chose facile, et les sentiments de Christine à cet égard changeaient constamment. Un moment, elle était jalouse d'eux parce que son père les emmenait à la chasse ou à la pêche, mais l'instant d'après elle était soulagée de ne pas avoir à les accompagner. Christine savait qu'elle allait quitter la maison dans un an pour entrer à l'université et qu'elle serait vite prise par les nombreuses activités qui se dérouleraient sur le campus. C'est pourquoi elle était heureuse de voir comment Dorothée s'occupait de son père : elle savait qu'il ne se retrouverait pas tout seul quand elle partirait pour l'université. Et même si elle n'osait pas se l'avouer, c'était plutôt chouette de pouvoir réprimander ses frères et de leur donner des conseils. Cela lui donnait l'impression qu'on avait besoin d'elle. Et quand ils seraient plus vieux, tous les trois, peut-être se sentiraient-ils encore plus proches et formeraient une vraie famille.

LES NOUVEAUX STYLES DE FAMILLE DES ANNÉES 2000

Comme vous pouvez le constater, la famille occidentale des années 2000 peut prendre des formes très variées. Un enfant sur quatre est désormais élevé par un parent unique et cette situation résulte d'un divorce, d'une adoption, d'un choix pur et simple, des possibilités qu'offre la science ou encore de la mort d'un des parents. Lorsque les parents de Michèle divorcèrent, le juge décida que ce serait dans l'intérêt de la fillette qu'elle vive avec sa mère. Orphelin, Ramon avait vécu toute sa vie dans des familles d'accueil et avait abandonné tout espoir d'appartenir à une famille. Notre système judiciaire commença à prendre conscience du fait que les personnes seules, quelle que soit leur orientation sexuelle, ont autant de chances que les couples d'être de bons parents. C'est pourquoi de plus en plus d'hommes et de femmes seuls peuvent désormais devenir parents légalement, grâce à l'adoption.

Aux États-Unis, les grossesses d'adolescentes sont responsables de près d'un cinquième de toutes les naissances enregistrées chaque année. Environ quatre-vingt-treize pour cent des mères célibataires adolescentes choisissent de garder leur bébé ; il n'est donc pas surprenant de voir Denise garder son bébé et de l'élever seule. Outre les mères célibataires adolescentes, des femmes seules comme la mère de Frédéric choisissent maintenant de devenir mère grâce aux nouvelles techniques médicales. La plus répandue est l'insémination artificielle. Elle consiste à introduire dans l'utérus de la femme, par des moyens mécaniques, la semence d'un partenaire, d'un ami ou d'un donneur anonyme.

Des changements importants dans le rôle typiquement dévolu à chacun des deux sexes ainsi que dans les stéréotypes qui y correspondent se produisirent au cours des dernières décennies. Les hommes durent se battre pour avoir le droit d'élever leurs propres enfants, parce qu'on tenait pour acquis que les femmes avaient d'instinct plus d'habileté pour le faire. La mort de la mère de Ken Ho et d'Eva força M. Tau à tenir un rôle certes difficile, mais pas impossible. Seul le temps pourra dire s'il a les capacités pour élever Ken Ho et Eva.

Si l'on en croit un article paru au début des années quatre-vingt-dix dans *Newsweek*, un tiers de tous les enfants nés dans cette décennie vivront probablement dans une famille reconstituée avant d'atteindre dix-huit ans. Christine a vécu seule avec son père pendant deux ou trois ans, mais elle a maintenant une belle-mère et deux demi-frères. Combien de vos amis vivent ainsi dans des familles reconstituées ?

LES PRÉJUGÉS VISENT MAINTENANT UN NOUVEAU GROUPE

Même si les six familles que je viens de vous présenter sont toutes formées d'un parent unique, lequel de ces enfants risque d'avoir le plus de difficultés dans notre société ? Si vous avez répondu Ramon, vous avez raison. Il y a eu beaucoup de controverse sur la capacité de parents homosexuels à fournir à des enfants un environnement familial positif et sain. Ce livre traite de quelques-uns des mythes qui entourent encore l'homosexualité et il évoque aussi certains des problèmes particuliers que les enfants de parents homosexuels peuvent avoir à affronter. Il faut cependant garder à l'esprit que beaucoup de ces problèmes sont très semblables à ceux que l'on rencontre dans les familles dont les parents sont hétérosexuels. Voyons maintenant ce que cela peut vouloir dire pour vous de penser que vos parents (l'un d'entre eux ou les deux) sont homosexuels.

CHAPITRE 2

Différent, c'est tout

Vous êtes-vous déjà demandé comment vos parents se sont rencontrés ou encore où ils sont allés lors de leur premier rendez-vous ? Pouvez-vous les imaginer se promenant dans un parc, main dans la main ? Avez-vous déjà violé l'intimité de vos parents en entrant brusquement dans leur chambre pour vous faire dire aussitôt de « sortir tout de suite » ? Quand avez-vous compris que vos parents avaient eux aussi une vie sexuelle ? Selon votre âge actuel, vous êtes probablement en voie de découvrir qui vous êtes, à la fois sur le plan individuel et sexuel. Vous avez aussi probablement l'âge de deviner si l'un de vos parents est homosexuel. Vous avez peut-être eu cette impression toute votre vie ou quelque chose a pu récemment éveiller vos soupçons à ce sujet. Si vous avez beaucoup de chance, vos parents commencèrent très tôt à vous expliquer en quoi votre famille était différente des autres. Ils vous ont même peut-être encouragé à leur poser des questions chaque fois que vous vouliez savoir quelque chose. Mais au cas où ils ne l'auraient pas fait, définissons l'orientation sexuelle et voyons ce que cela veut dire d'avoir un père gai ou une mère lesbienne.

PETITE DÉFINITION DE L'ORIENTATION SEXUELLE

On appelle « orientation sexuelle » notre prédisposition ou notre capacité à développer des relations émotionnelles intimes et sexuelles avec des gens du même sexe, de l'autre sexe ou des deux sexes. Mais découvrir sa propre orientation sexuelle peut être un processus très lent qui met de nombreuses années à s'accomplir. Il faudra peut-être attendre jusqu'à l'âge adulte ou même plus tard encore avant de réussir à identifier correctement son orientation sexuelle et parvenir à être à l'aise avec elle. Il a fallu aussi des années à vos parents pour déterminer leur propre orientation sexuelle. Même si la sexualité est une composante de tout être humain, l'orientation sexuelle de chacun peut être extrêmement différente.

Mais avant d'aller plus loin, il nous faut définir certains termes. Le mot « genre », par exemple, dans son sens le plus étroit, correspond à votre sexe biologique, mâle ou femelle. Les chercheurs ont formé l'expression « **identité sexuelle** » pour parler de la conscience émotionnelle et intellectuelle que vous avez d'être mâle ou femelle. La société attribue souvent des traits de caractère, des attitudes et des comportements spécifiques à chacun des deux sexes. On appelle ces divers traits le **rôle sexuel**. Si l'on vous dit « agressif, dominateur, peu émotif, compétitif », à quel sexe associerez-vous ces qualificatifs ? Vous êtes-vous déjà demandé pourquoi vous les associez spontanément à l'homme plutôt qu'à la femme ? Comme vous pouvez le constater, essayer de décrire les gens et leur comportement n'est pas chose facile.

Un **homosexuel** est quelqu'un qui établit des liens émotionnels intimes et sexuels avec des gens du même sexe que lui. Un **hétérosexuel** est quelqu'un qui le fait avec quelqu'un de l'autre sexe ; quant aux **bisexuels**, ce sont des gens qui se lient intimement avec l'un ou l'autre sexe. Les mots « homosexuel » et « hétérosexuel » sont formés à partir des préfixes grecs qui signifient respectivement « semblable » et « opposé ».

L'hétérosexualité semble être l'orientation sexuelle de la majorité des gens, mais environ dix pour cent de la population des pays occidentaux est ouvertement gaie. On estime en outre qu'entre vingt-cinq et trente pour cent de la population puisse être homo-sexuelle, mais la discrimination contraint la plupart des gais à garder leur style de vie secret. Les gens ont des opinions très différentes et très arrêtées sur l'homo-sexualité. À cause de l'insistance exagérée mise sur l'aspect sexuel de ce mode de vie et des sentiments négatifs qu'éveille souvent le mot « homosexuel », la plupart des hommes homosexuels préfèrent être dési-gnés par le mot « **gai** ».

Le terme « **lesbienne** », qui est utilisé uniquement pour désigner les femmes homosexuelles, remonte à la poétesse Sappho qui vivait sur l'île grecque de Les-bos (d'où le terme « lesbienne ») au septième siècle avant Jésus-Christ. Elle dirigeait une école où l'on enseignait la féminité et les arts érotiques aux jeunes femmes. Sappho était mariée et avait une fille, mais sa passion était d'écrire des poèmes inspirés par son amour des femmes.

Le fait de remplacer le terme « homosexuel » par d'autres est capital, car cela permet d'élargir la com-préhension qu'on a des hommes gais et des femmes lesbiennes en nous amenant à considérer l'ensemble de leur personne. On insiste alors sur le fait que leur vie ne se résume pas à leur sexualité, mais qu'elle est également faite d'amour, d'engagement, du souci des autres, d'espoir, de rêve, de travail, d'enfants, de convictions politiques, de croyance religieuse et d'im-plication dans la communauté. La sexualité est impor-tante, manifestement, mais ce n'est pas la seule chose qui compte dans leur vie, tout comme ce n'est pas non plus la seule chose qui compte dans la vie des hétérosexuels.

Il est temps maintenant de vous présenter quelques adolescents qui ont vécu les mêmes problèmes que ceux que vous devez affronter. Quand vous aurez fini de lire ce livre, vous saurez que vous n'êtes plus le seul ou la seule à vous faire du souci à ce sujet ou à vous débattre avec ce «secret». Personne ne peut vous dire comment réagir si vous découvrez que votre père est gai ou que votre mère est lesbienne, mais vous pourrez au moins vous inspirer de l'expérience des gens que je vais vous présenter dans ce livre. Voyez un peu si vous pouvez déjà vous reconnaître dans l'une ou l'autre de ces histoires.

Catherine

Le dimanche était le jour réservé à la famille et Catherine avait toujours hâte de passer la journée avec sa mère. Mais ce dimanche-là promettait d'être très spécial parce qu'on devait se faire une petite fête pour célébrer l'adoption. Contrairement à la plupart des enfants qui ne fêtent leur anniversaire qu'une fois l'an, Catherine fêtait deux fois: le jour de son anniversaire, mais aussi l'anniversaire du jour où sa mère l'avait amenée à la maison après l'avoir adoptée. Sa mère disait toujours: «C'est le jour où je t'ai eue et cela a été le jour le plus heureux de ma vie!»

Catherine avait maintenant quatre ans et elle commençait seulement à comprendre ce que cela voulait dire d'avoir été adoptée. La chose la plus importante pour elle était que sa mère l'aimait, mais elle ne détestait pas non plus avoir deux fêtes chaque année. Catherine savait qu'elle était la petite fille la plus chanceuse du monde.

Les dimanches étaient toujours formidables parce que Regina, la meilleure amie de sa mère, passait toute la journée à jouer avec elle, qu'elle dînait avec elles, lui lisait une histoire et passait aussi la nuit à la maison. C'est d'ailleurs la chose que Catherine préférait parce que Regina faisait le petit-déjeuner le lendemain matin et qu'elle l'accompagnait ensuite, avec sa mère, à la garderie. Catherine adorait marcher main dans la main avec ses deux mamans et leur montrer les beaux dessins qu'elle avait faits la semaine précédente. À la garderie, son meilleur ami était Thomas ; il adorait la façon qu'avait Regina de le prendre dans ses bras et de le serrer presque à l'étouffer. Du point de vue de la fillette de quatre ans, la vie était tout simplement merveilleuse et les lundis commençaient la semaine de façon formidable.

Serge

À dix ans, Serge était assez vieux pour s'apercevoir que ses parents n'étaient pas heureux ensemble, mais il n'arrivait pas à comprendre ce qui n'allait pas.

Même si ses deux parents travaillaient, c'est toujours sa mère qui l'attendait à la maison quand il rentrait de l'école. Il adorait le calme du petit moment qu'ils passaient ensemble. En préparant le souper, elle sifflait ou chantait sur les airs diffusés à la radio. Mais maintenant, elle rentre rarement à la maison avant l'heure du souper et il n'arrive pas à se rappeler la dernière fois qu'il l'a entendue rire dans la maison.

L'école se révéla difficile pour Serge, cette année-là, et ses notes furent plus basses que jamais : juste sous la moyenne en mathématiques et pire en histoire. Son père vérifiait ses devoirs chaque soir après le souper et il ne lui permettait pas de regarder la télévision tant qu'ils n'étaient pas parfaits. Chaque fois que sa mère essayait de l'aider, son père disait : « Ne touche pas à mon fils ! » Qu'est-ce qu'il voulait dire par « mon fils » ? N'était-il pas aussi son fils à elle ? Serge n'y comprenait rien. Il ne savait pas s'il avait été adopté ou si son père avait déjà été marié avant et si sa mère était vraiment sa mère biologique. Il n'osait pas poser la moindre question à son père, alors il décida d'attendre d'être seul avec sa mère pour lui demander une explication.

Y avait-il dans la famille un secret que Serge ne connaissait pas ? Qui était Hélène et pourquoi son père refusait-il de la recevoir à la maison ? Avait-elle fait de la prison ou vendait-elle de la drogue ? L'imagination de Serge battait la campagne, mais il savait au moins une chose, c'est qu'il ne voulait plus continuer de vivre dans cette maison si les choses ne changeaient pas. Il ne savait pas s'il avait le pouvoir de réparer ce qui n'allait pas entre ses parents ou si c'était comme cela que les choses se passaient quand vos parents étaient sur le point de divorcer.

Serge regardait au plafond et essayait de trouver ce qu'il fallait faire. Peut-être que son ami Sébastien pourrait lui donner quelques conseils. Serge dormit très mal cette nuit-là et le lendemain, il partit de la maison en courant sans même déjeuner. Il ne se rendit jamais compte que ses parents se disputaient dans la salle à manger, ni que son père disait à sa mère de « faire ses valises et de s'en aller ». Il n'a pas non plus entendu les noms que son père donnait à sa mère. Mais surtout, il n'a pas vu les larmes qui coulaient sur les joues de sa mère au moment où elle a murmuré dans un souffle : « Je vous aime tous les deux, mais je ne peux plus continuer à supporter ce mensonge. »

Patrick

L'immeuble dans lequel vivait Patrick était vieux et situé à la périphérie de la ville, près de plusieurs terrains vagues et d'un dépotoir. Mais pour Patrick, c'était un château entouré de douves et il était le seul à pouvoir donner la permission à quiconque d'y entrer. Il habitait au dernier étage avec son père et Louis. Ils vivaient tous les trois ensemble depuis aussi longtemps que Patrick pouvait se souvenir, même si cela ne faisait pas vraiment très longtemps puisque Patrick n'avait que sept ans.

Il y avait beaucoup d'enfants avec qui jouer dans l'immeuble et Patrick aimait tout le monde sauf Thomas. Personne, d'ailleurs, n'aimait vraiment Thomas ; c'était une vraie brute et il n'arrêtait pas de dire des gros mots qui vous causaient des problèmes avec vos parents. Mais Thomas était aussi le meilleur athlète de tous et, comme tout le monde voulait gagner, ils le laissaient jouer chaque fois qu'ils avaient besoin d'un joueur pour équilibrer les équipes.

C'est un de ces après-midi où Thomas jouait avec eux que Patrick se souvient de l'avoir entendu traiter son père de « pédé ». Patrick ne savait pas ce que cela voulait dire, mais il voyait bien, à la façon dont Thomas l'avait dit, que ce n'était pas un compliment. Ils en sont venus aux coups si violemment que le propriétaire de l'immeuble fut obligé de les séparer. Quand il leur demanda pourquoi ils se battaient, Patrick répondit calmement que Thomas avait traité son père de « pédé ». Le propriétaire lui demanda s'il savait ce que cela voulait dire et Patrick fit signe que non en baissant la voix. Le propriétaire lui dit de rentrer chez lui et de demander à son père de lui expliquer.

Plus tard, ce même soir, Patrick demanda à son père et à Louis ce que voulait dire le mot « pédé ». Les deux hommes se regardèrent, puis regardèrent Patrick et finalement son père dit : « Je t'aime beaucoup et je te remercie de m'avoir défendu aujourd'hui. » Patrick a oublié de nombreux détails de leur discussion, mais il se souvient que son père mentionna les mots « **homosexuel** », « **pédé** » et « **gai** ». Quand Patrick répéta sa question, son père répondit simplement qu'on le traitait de pédé parce qu'il aimait beaucoup Louis et qu'il avait l'intention de passer le reste de sa vie avec lui. Ce à quoi Patrick répliqua très vite : « Alors, je suis pédé moi aussi, parce que j'aime beaucoup Louis et que je veux qu'il reste avec nous pour toujours. »

Patrick était mal à l'aise quand il entendait des gens en traiter d'autres de tapette, de gai ou de pédé. Ce n'étaient pas tant les mots qui le dérangeaient que la façon dont les gens les disaient et cet air qu'il y avait dans leurs yeux. Il comprit très vite que la meilleure chose à faire, quand ces choses-là arrivaient dans un groupe, c'était de s'en aller. Sinon, cela se terminait toujours par une bagarre et il fallait qu'il explique à son père pourquoi il s'était battu. Il n'avait pas peur de se faire mal, mais il voyait la tristesse et les larmes dans les yeux de son père et il voulait éviter cela à tout prix.

Alice

Durant tout son secondaire, Alice n'avait jamais vu sa mère avoir un vrai rendez-vous avec un homme. Elle avait beaucoup d'amis chez les hommes et sortait souvent en groupe, mais elle n'avait jamais semblé intéressée à entretenir une relation suivie et intime avec un homme. Alice, au contraire, avait un flot ininterrompu de prétendants et avait des rendez-vous tous les vendredis et tous les samedis soir. Elle était membre du conseil étudiant et faisait partie du club d'anglais et de la troupe de théâtre. De plus, elle consacrait un soir par semaine à faire du bénévolat dans un refuge pour sans-abri où elle rencontrait une multitude de gens intéressants. Personne n'a été surpris quand ses camarades de classe la désignèrent comme « celle qui avait le plus de chances de réussir dans la vie » et l'élirent « la fille la plus sympathique » de la classe.

Le bal de fin d'année approchait à grands pas et Daniel, le plus beau garçon de la classe, lui avait demandé de l'accompagner. Alice devait y aller avec sa meilleure amie, Monique, et le petit ami de celle-ci, Guillaume. À l'école, l'excitation montait de jour en jour : les filles ne parlaient plus que de leur robe, du dîner et de la plage. La meilleure partie du week-end consistait à passer la nuit du samedi sur la plage, assise autour d'un feu de camp avec votre petit ami. La tradition voulait que tout le monde passe la nuit à la maison communautaire de la plage où la conseillère d'orientation et son mari faisaient des crêpes pour le brunch du lendemain.

La musique du bal était fantastique et tout le monde dansa jusqu'à épuisement et jusqu'à ce que la faim se fasse sentir. La dernière danse eut lieu à minuit, puis Alice, Monique et leurs petits amis allèrent enfin souper. Sur le chemin du restaurant, Alice demanda à Daniel de faire un petit détour par chez elle pour qu'elle puisse aller aux toilettes. En ouvrant la porte, elle entendit de la musique douce et des rires. Mais personne ne l'avait entendue dire : « Bonsoir, il y a quelqu'un ? ». Elle s'avança dans le hall et demeura bouche bée dans l'ombre du salon : en regardant dans la direction d'où venaient les rires et les chuchotements, Alice comprit brusquement pourquoi sa mère ne sortait jamais avec les hommes qui étaient ses amis. Car, enlacées dans le salon, sa mère et Janine dansaient langoureusement.

Alice avait toujours senti qu'il y avait quelque chose de spécial dans la relation qui unissait sa mère à Janine, mais elle n'avait jamais pu percer le mystère. Maintenant, elle savait, sans l'ombre d'un doute. Alice quitta la maison sur la pointe des pieds, parce qu'elle ne voulait pas que sa mère sache qu'elle les avait vues. Comment pourrait-elle expliquer à ses amies que sa mère était une lesbienne ? Et pourquoi sa mère ne le lui avait-elle jamais dit ? Autrefois, elles avaient l'habitude de parler de tout et de rien pendant des heures. Elles n'étaient pas toujours d'accord, mais elles respectaient toutes les deux les idées de l'autre. Mais aujourd'hui, Alice venait de découvrir qu'elle savait fort peu de choses de la vie privée de sa mère.

En montant dans la voiture, Alice se blottit contre Daniel qui lui passa un bras autour des épaules. Elle se mit à trembler sans pouvoir s'arrêter. Son cerveau était en ébullition. Que devait-elle faire ? Devait-elle coucher à la maison de la plage, comme prévu, ou rentrer pour surprendre Janine avec sa mère ? Pourquoi était-elle si perturbée ? Était-elle en colère parce que sa mère lui avait caché quelque chose ou parce que celle-ci semblait si heureuse avec Janine ? Cela la regardait-il avec qui sortait sa mère ? Son amie Monique se plaignait toujours que sa mère ne sortait jamais deux fois avec le même homme et elle avait peur qu'elle attrape le sida. Janine, de son côté, était quelqu'un qu'Alice respectait et admirait ? Y avait-il une loi qui disait que vos parents **devaient** nécessairement être des hétérosexuels ?

Alice était furieuse et plus perdue que jamais. Daniel lui demanda à plusieurs reprises ce qui n'allait pas et elle se contentait de répondre que tout allait bien. Pour lui redonner sa bonne humeur, il se mit à l'embrasser dans le cou et à la chatouiller. Alice aimait le parfum qu'utilisait Daniel et bientôt, elle commença à se détendre. Elle décida de rester à la plage avec ses amis et de profiter de sa fête de fin d'année. Pour le moment, elle ne voulait s'occuper que de Daniel. Demain, elle essaierait de mettre de l'ordre dans ses sentiments à propos de sa mère et de Janine.

Koji

Les Yaguchi habitaient les États-Unis depuis plus de trente ans, mais leur culture japonaise était profondément ancrée dans la famille. Koji habitait avec ses parents, ses deux sœurs et ses grands-parents dans une toute petite maison de San Diego, en Californie. Ils avaient ouvert un restaurant japonais et il était entendu que tout le monde devait travailler d'arrache-pied dans l'entreprise familiale. Sa grand-mère accueillait les clients à la porte et ses sœurs cadettes de treize et quatorze ans coupaient les aliments dans la cuisine. Par moments, Koji était renversé de voir toutes les responsabilités qu'il devait assumer. Tous les matins à cinq heures, il se rendait au port accompagné de son grand-père dans leur vieille camionnette déglinguée. Le grand-père Yaguchi choisissait la viande et les poissons lui-même. Du port, ils allaient au marché choisir les légumes de la journée. De retour au restaurant, Koji devait décharger la camionnette, préparer les tables et mettre les couverts, remplir les verres d'eau et faire la vaisselle. Son grand-père supervisait la cuisine et préparait une bonne partie des plats du jour, tandis que son père prenait les commandes téléphoniques, tenait la caisse et parlait avec les clients.

La personne la plus fascinante de tout le restaurant était Tai, un excellent chef. Il avait environ sept ans de moins que le père de Koji, mais il avait voyagé partout dans le monde. Koji pouvait écouter ses histoires pendant des heures et M. Yaguchi avait l'air de l'apprécier beaucoup. Koji était stupéfait d'entendre tout ce que son père pouvait dire à Tai. Comment pouvait-il partager des choses aussi intimes avec un parfait étranger ? Quel lien unique unissait donc ces deux hommes ?

Grand-père Yaguchi était un homme à l'air fragile qui n'élevait jamais la voix, mais c'est incontestablement lui qui contrôlait tout ce qui se passait dans la famille. Un matin, Koji fut étonné de découvrir que Tai avait été congédié par son grand-père, alors que son père était chez le médecin. Personne ne voulait lui dire pourquoi on avait renvoyé Tai. Et Koji comprit bientôt que la relation entre son père et son grand-père ne serait plus jamais la même. Il était désormais interdit de mentionner le nom de Tai. Qu'avaient donc fait de si terrible son père et Tai pour que son grand-père ne puisse leur pardonner ?

LA SEXUALITÉ : MYTHES ET RÉALITÉS

La sexualité est un sujet complexe qui va au-delà du simple plaisir sexuel et de la reproduction. C'est une composante profonde de la personnalité humaine qui commence à se former dès la naissance et qui continue d'évoluer jusqu'à la vieillesse. Le besoin d'amour et d'épanouissement personnel constitue également une part importante de la sexualité. Vous vivez un développement sexuel et émotionnel sain quand vous êtes capable de considérer votre sexualité comme une partie importante et magnifique de vous-même. Apprendre à intégrer à sa vie une sexualité responsable, heureuse et honnête est un processus continu qui s'enclenche bien avant que vous ne puissiez vous en souvenir. Vos parents ont dû eux aussi entreprendre cette quête de leur identité sexuelle.

Les mythes les plus courants sur l'orientation sexuelle

Tout au long de l'histoire, certains groupes ont exercé leur domination sur des groupes minoritaires. Les anciens Romains ont essayé d'éradiquer les chrétiens. Et au moment de l'implantation des premières colonies américaines, de prétendues sorcières moururent sur le bûcher. Les femmes étaient considérées comme la propriété de leur mari et n'avaient aucun droit. Sous Adolf Hitler, les nazis ont cru à la supériorité de la race blanche, ce qui a conduit à l'Holocauste des juifs et à la Deuxième Guerre mondiale. Et aux États-Unis, avant l'apparition du mouvement des droits civiques, le groupe minoritaire persécuté fut celui des Afro-Américains. Aujourd'hui, les rôles sexuels sont en train de changer très rapidement et, dans leurs efforts pour s'adapter, certaines personnes tentent d'expliquer un comportement humain complexe différent du leur par des mythes et des stéréotypes. Chacun des mythes qui suivent est totalement faux ou n'est vrai que pour une infime minorité. Examinons-les ensemble et tâchons de découvrir la vérité.

Mythe n° 1 : il est anormal d'avoir des pensées, des sensations, des fantasmes ou des rêves sexuels.

La réalité : l'organe sexuel le plus important n'est pas le sexe, mais le cerveau. Votre cerveau produit des milliers de pensées par jour. Les pensées et les impressions ne sont ni positives ni négatives, ni normales ni anormales ; elles existent, tout simplement. Les personnages, les comportements et les circonstances peuvent se révéler inacceptables pour vous dans la vie courante, mais il n'y a pas de pensée anormale. Pouvez-vous contrôler vos pensées en tout temps ? Et d'ailleurs, le voudriez-vous ? Probablement pas !

Les comportements cependant peuvent être classés comme positifs ou négatifs, normaux ou anormaux. Dans nos sociétés, les comportements sexuels qui forcent les partenaires à faire des choses qu'ils ne veulent pas, qui les exploitent, qui leur déplaisent ou qui réduisent leur estime de soi sont généralement considérés comme négatifs.

Quelle que soit l'obscénité ou l'extrême précision de nos pensées, cela ne veut pas dire que nous voulions qu'elles se réalisent, qu'elles se réaliseront ou que nous fassions quoi que ce soit pour qu'elles se réalisent. Des pensées obsessionnelles qui créent de l'angoisse ou qui provoquent un sentiment de culpabilité peuvent être le signe d'un problème complexe qui nécessite l'intervention d'un professionnel.

Tout être humain est doté d'imagination, mais certains en ont plus que d'autres. Quand vous étiez enfant, vous avez peut-être rêvé d'arracher quelqu'un à un immeuble en flammes, ou de voir votre chien égaré marcher des centaines de kilomètres rien que pour vous retrouver. Considérez-vous ces pensées comme anormales ? Probablement pas !

Les changements hormonaux qui accompagnent la puberté produisent souvent des pensées, des sentiments, des fantasmes et des rêves à connotation sexuelle. Ces idées constituent une partie parfaitement saine de votre imagination et ne signifient nullement un désir conscient de passer à l'acte.

Mythe n° 2 : avoir une expérience sexuelle avec une personne du même sexe veut dire qu'on est homosexuel.

La réalité : il est courant pour des adolescents d'éprouver une certaine attirance ou d'avoir des rapports intimes avec des personnes du même sexe, qu'elles soient du même âge ou plus âgées. Certaines études semblent démontrer que dix pour cent des filles et jusqu'à vingt pour cent des garçons ont eu au moins une expérience homosexuelle qui pouvait se limiter à ces « jeux » sexuels auxquels on se livre à l'adolescence, comme la masturbation mutuelle, les baisers, les caresses ou le « frottage ». Pour la plupart des adolescents, il ne s'agit que d'une phase transitoire.

Mythe n° 3 : l'orientation sexuelle d'une personne se devine facilement à son apparence ou à ses manières.

La réalité : sauf dans un nombre limité de cas, il est tout simplement impossible de deviner l'orientation sexuelle d'une personne par son apparence ou ses manières. Le stéréotype qui veut que tous les hommes gais soient faibles et efféminés est loin de la vérité. On trouve des gais dans tous les secteurs d'activité, y compris chez les militaires, les policiers, les camionneurs et les joueurs de football. Dans les années soixante et soixante-dix, Rock Hudson était un modèle de virilité pour tous les jeunes hommes, et ce n'est qu'après sa mort qu'on découvrit qu'il était gai. Où étaient donc chez lui la poigne molle, le zézaiement et la démarche féminine ?

Quand on évoque les noms de Walt Whitman et de Michel-Ange, quelle est la première idée qui vous vient à l'esprit ? Le monde n'aurait-il pas perdu quelque chose de précieux si ces deux gais ne nous avaient pas donné les magnifiques poèmes de Whitman ou la chapelle Sixtine peinte par Michel-Ange ?

On prétend que les lesbiennes s'habillent comme des hommes, ont les cheveux courts et des personnalités audacieuses et agressives. Cela veut-il dire que toutes les femmes médecin, les avocates, les enseignantes ou les agentes de bord qui portent les cheveux courts sont des lesbiennes ? Y aurait-il une forme de sécurité sociale aux États-Unis de nos jours si la lesbienne Jane Addams n'avait pas eu le courage et la force de se battre pour ce qu'elle croyait juste ? Comme vous le voyez, les hétérosexuels et les homosexuels partagent les mêmes modes, métiers, talents, rêves, préoccupations, peurs et manières d'être.

Mythe n° 4 : l'orientation sexuelle est déterminée de façon définitive dès la naissance.

La réalité : jusqu'à la fin du dix-neuvième siècle, on croyait que les gens étaient soit hétérosexuels, soit homosexuels et qu'il n'y avait rien entre les deux. Un pionnier de la recherche en matière de sexualité, Alfred Kinsey, a entrepris, dans les années quarante et cinquante, une vaste étude qui a démontré que les comportements sexuels ne se divisaient pas nécessairement en deux catégories bien distinctes, mais s'inscrivaient au contraire dans un véritable continuum entre ces deux pôles. Kinsey graduait ce continuum de zéro (comportement exclusivement hétérosexuel) à six (comportement exclusivement homosexuel), le trois indiquant un comportement réparti également entre l'hétérosexualité et l'homosexualité (ce que l'on appelle la bisexualité). Voici une illustration de ce continuum:

0	1	2	3	4	5	6
Exclusivement hétérosexuel			Bisexuel			Exclusivement homosexuel

De la petite enfance à la vieillesse, chacun traverse des étapes de développement tout à fait normales marquées par la curiosité, l'expérimentation sexuelle et les sentiments contradictoires. Que vous ayez ou non aimé ces expériences, que vous ayez fait une erreur ou que vous ayez réprimé vos sentiments, chacune de ces étapes vous donne l'occasion de grandir et de devenir la personne que vous êtes aujourd'hui. Vos parents firent les mêmes expériences et refoulèrent peut-être leurs désirs sexuels pendant des années. Mais ils sont peut-être prêts, maintenant, à reconnaître qui ils sont vraiment.

Mythe n° 5 : le nombre de gais a augmenté considérablement au cours de la dernière décennie.

La réalité : depuis l'époque du rapport Kinsey, on pense que les pays occidentaux connurent une véritable « libération sexuelle » qui eut une influence considérable sur les comportements sexuels. C'est pourquoi, près de 30 ans plus tard, un journaliste nommé Morton Hunt publia un livre intitulé *Sexual Behavior in the 1970s* (Les comportements sexuels des années soixante-dix). Son livre s'appuyait sur une enquête menée auprès de 982 hommes et de 1 044 femmes de 18 ans et plus. Les résultats indiquent que trois changements majeurs se produisirent dans le comportement sexuel, mais aucun n'indique un accroissement du nombre de gais vivant aux États-Unis. Ce que découvrit Hunt, c'est que les relations sexuelles avant le mariage étaient plus répandues, que les rôles sexuels étaient en train de changer et que les différences entre classes sociales et comportements sexuels diminuaient.

Grâce au mouvement de libération, les gais et les lesbiennes se montrent de plus en plus ouverts avec leur famille, leurs amis et leurs collègues de travail en ce qui a trait à leur orientation sexuelle. Cela ne veut pas dire que le nombre de gais augmente. Cela veut simplement dire que les gais et les lesbiennes ont appris à s'accepter et à s'aimer dans leur différence et qu'ils ont décidé d'oublier la dissimulation et la peur qu'ils ont trop longtemps connues.

Quand on compare l'enquête de Hunt avec des études menées en Suède et en Allemagne, on constate que les résultats sont étonnamment semblables. Approximativement dix pour cent de la population s'identifie publiquement comme gaie. On peut donc dire que le nombre de gais et de lesbiennes semble relativement stable, à la fois dans le temps et dans les diverses cultures. Avez-vous déjà entendu l'un de vos amis, l'une de vos amies, se demander s'il était gai, si elle était lesbienne ? Vous êtes-vous déjà posé des questions sur votre identité sexuelle ?

Mythe n° 6 : les gens qui se marient et qui ont des enfants sont hétérosexuels. Les homosexuels et les bisexuels ne se marient jamais et n'ont pas d'enfants. Les gens qui ne se marient jamais sont gais ou bisexuels.

La réalité : être marié et avoir des enfants ne veut pas dire grand-chose quant à l'orientation sexuelle de la personne en question. C'est vrai que les hétérosexuels se marient et ont des enfants, mais c'est aussi le cas de beaucoup de gais, de lesbiennes et de bisexuels. En fait, on estime qu'un bon tiers des lesbiennes se marient et que c'est aussi le cas d'un cinquième des gais. De plus, environ deux ou trois pour cent des hommes mariés ont des aventures extra-conjugales homosexuelles tout en restant actifs sexuellement avec leur femme.

Pourquoi les gens se marient-ils ? La réponse à cette question est à la fois simple et compliquée. Les principales raisons qui poussent les gens à se marier sont bien connues : 1) ils aiment leur partenaire ; 2) leurs parents et la société s'attendent à ce qu'ils le fassent ; 3) ils veulent avoir des enfants ; 4) ils cherchent un partenaire et 5) ils recherchent la sécurité économique.

Les gais et les lesbiennes se marient pour des raisons semblables. Premièrement, quand deux personnes s'aiment, on s'attend à ce qu'elles se marient. Mais on peut aimer quelqu'un sans être attiré sexuellement par lui. Et, par ailleurs, certains gais pensent être hétérosexuels ou bisexuels, et ce n'est que plus tard dans la vie qu'ils se rendent compte de leur véritable orientation. C'est la même chose pour les lesbiennes.

Deuxièmement, les attentes de la famille et la pression qu'elle exerce réussissent à pousser bien des couples vers l'autel, quelle que soit leur orientation sexuelle. Et si des parents pensent que leur fils est gai ou que leur fille est lesbienne, ils croient peut-être qu'une fois marié(e), il ou elle changera d'orientation. C'est rarement le cas. On ne peut « changer » quelqu'un que s'il veut être changé et on ne change pas d'orientation sexuelle comme on change de chemise. Pourriez-vous changer votre orientation sexuelle si votre partenaire vous le demandait ?

Il n'est pas rare qu'avant le mariage l'un des partenaires dise à l'autre qu'il craint d'être homosexuel. Mais l'autre, qui l'aime vraiment, le ou la convainc que leur mariage va lever ses doutes. Le gai ou la lesbienne veut le croire et continue de nier son homosexualité. Malheureusement, les sensations et les sentiments que cette personne éprouve ne disparaissent jamais et elle finit par se sentir « prisonnière » dans un mariage qu'elle ne fait plus que tolérer. Si votre fiancé(e) vous disait qu'il ou qu'elle croit être homosexuel(le), comment réagiriez-vous ? Y croiriez-vous ? Essayeriez-vous de le « sauver », de la « sauver » ?

Troisièmement, certains gais et certaines lesbiennes ont toujours rêvé d'avoir un enfant biologique et ils croient que la famille « traditionnelle » représente encore le meilleur environnement pour élever des enfants. Les familles à deux parents étaient la norme autrefois, mais maintenant, avec le taux de divorce qui ne cesse d'augmenter, les familles monoparentales deviennent de plus en plus courantes. Qui oserait prétendre qu'un hétérosexuel qui assume seul le rôle de parent est plus capable et plus aimant qu'un gai dans la même situation ? Notre système judiciaire a fini par reconnaître que l'orientation sexuelle d'une personne n'a aucune influence sur sa capacité d'être ou non un bon parent. De plus en plus de parents gais divorcés se voient confier la garde de leurs enfants. Nous en reparlerons au prochain chapitre.

Selon le psychologue Abraham Maslow, tous les êtres humains ont cinq besoins fondamentaux qui doivent être comblés pour qu'un individu se sente bien émotionnellement. Les plus primitifs de ces besoins sont liés à la survie physique : la nourriture, les vêtements, le gîte. Quand ces besoins sont satisfaits, une personne doit se sentir physiquement en sécurité. Le dernier besoin est celui d'être aimé et de se sentir appartenir à une famille ou à un autre groupe capable de la soutenir. Qui que vous soyez et quelle que soit votre orientation sexuelle, vous avez besoin d'entretenir des relations intimes avec les autres.

Pour les hétérosexuels, le chemin qui conduit à se bâtir des relations et à se choisir un compagnon ou une compagne est tout tracé et prend naturellement des formes socialement acceptables. Cela commence lentement, par un premier rendez-vous et un petit baiser rapide. Puis, quand on se sent à l'aise l'un avec l'autre, on commence à se détendre et on affiche plus volontiers des marques d'affection, comme un bras autour de la taille ou des épaules et un petit baiser espiègle sur la joue. À mesure que la relation devient plus intime, les partenaires peuvent en arriver à s'échanger des bagues ou des bracelets et à annoncer à leur famille qu'ils « se fréquentent ». Quand ils sont prêts à prendre un engagement, ils participent à un rite public qu'on appelle le mariage.

La plupart des relations évoluent naturellement vers un plus grand rapprochement et une plus grande intimité entre les deux partenaires. Mais il n'y a pas de voie socialement acceptable que pourraient emprunter les sentiments d'un couple gai. Voyons un peu ce qui empêche ce couple de se laisser aller à ses sentiments. Les gais ou les lesbiennes commencent eux aussi par un premier rendez-vous et un petit baiser rapide après la soirée. Mais la similitude avec la relation hétérosexuelle s'arrête là. Qu'arriverait-il s'ils se promenaient main dans la main ? Dans bien des pays, il est encore illégal d'épouser une personne du même sexe, alors comment peuvent-ils proclamer leur engagement l'un envers l'autre ? Comment vous sentiriez-vous si vous ne pouviez jamais toucher en public la personne qui tient une si grande place dans votre vie ?

Certains gais et certaines lesbiennes ont si peur de se faire harceler parce qu'ils aiment une personne du même sexe ou ils craignent tellement de passer le reste de leur vie seuls qu'ils décident de se marier avec quelqu'un du sexe opposé, en désespoir de cause et par besoin d'avoir un compagnon ou une compagne de vie. Pourriez-vous épouser quelqu'un qui ne vous attire ni physiquement ni émotionnellement ?

En 1990, selon le bureau de la statistique des États-Unis, soixante-cinq pour cent des femmes de plus de seize ans avaient un emploi ou en cherchaient un. Si tant de femmes travaillent ou se cherchent un emploi, pourquoi une lesbienne se marierait-elle pour des raisons de sécurité économique ? Votre grand-mère travaillait-elle à l'extérieur de la maison ? Et votre mère, a-t-elle actuellement un emploi en dehors du foyer ?

Même si de plus en plus de femmes sont sur le marché du travail, la plupart d'entre elles gagnent de petits salaires dans des emplois subalternes plutôt que d'avoir des professions bien payées. La plupart des chartes des droits et libertés des pays occidentaux interdisent la discrimination fondée sur le salaire ou l'emploi, mais cela n'a pas mis fin à la différence de salaires entre les hommes et les femmes. La ségrégation professionnelle en fonction du sexe est aussi répandue aujourd'hui qu'elle l'était au tournant du siècle précédent. Par exemple, il y a encore très peu de femmes ingénieures parmi tous les étudiants qui sont formés par les universités et les grandes écoles des pays occidentaux. Et souvenez-vous, quand vous étiez au primaire, combien d'hommes aviez-vous comme professeurs ? Les salaires dans les emplois traditionnellement occupés par des hommes (direction et cadres supérieurs des entreprises, sportifs professionnels, travailleurs de la construction) sont souvent le double de ceux qu'on trouve dans les emplois traditionnellement féminins (infirmières, secrétaires, enseignantes). Les statistiques montrent que les femmes ne gagnent encore que soixante-neuf pour cent du salaire des hommes. Si l'on considère la disparité qui existe à la fois dans le statut social et la rétribution des emplois de la plupart des hommes et des femmes, peut-on encore douter que certaines femmes se marient uniquement pour avoir une certaine sécurité économique ?

Mythe n° 7 : historiquement, l'hétérosexualité a toujours été la seule orientation admise.

La réalité : les recherches archéologiques ont mis au jour d'innombrables descriptions de modes de vie homosexuels et bisexuels, et les références abondent dans ce domaine. Selon certaines sources, un des plus anciens témoignages d'amour homosexuel est dépeint sur un papyrus égyptien qui date de plus de 4 500 ans.

Nous savons par les écrits d'Aristote, de Socrate, de Sophocle et d'Euripide (philosophes et dramaturges grecs, gais tous les quatre), que les Crétois furent les premiers Grecs à instaurer une certaine régulation de leur population en encourageant les relations sexuelles entre des hommes gais et des adolescents. Il importe, cependant, de bien comprendre ce qu'était la culture grecque. Les hommes étaient le centre de toute la vie intellectuelle et le rôle des femmes se bornait aux affaires domestiques et à la reproduction. Il était courant pour un homme d'avoir un jeune protégé qu'il s'efforçait d'amener le plus près possible de l'« idéal » du bon citoyen. Cela voulait dire que l'aîné était son conseiller, son protecteur et son ami, et qu'il lui enseignait toutes les vertus viriles. Ils étaient ensemble à longueur de journée.

L'idéal grec de la perfection virile mettait l'accent sur la beauté du corps autant que sur celle de l'âme. C'est pourquoi les jeunes garçons passaient les trois quarts de la journée au gymnase à développer leur corps. Le corps de l'homme était tenu en si haute estime que tous les jeunes faisaient leurs exercices nus. On trouve dans toute la littérature grecque l'expression d'une idéalisation, d'une admiration et même d'une mythification de l'amour homosexuel.

Beaucoup de héros de la mythologie grecque peuvent être rattachés à un comportement gai. Parmi les célèbres paires qu'on trouve dans la littérature grecque, mentionnons Zeus et Ganymède, Apollon et Hyacinthe, Pan et Daphnis, et Achille et Patrocle.

C'est un fait historique particulièrement frappant que certains des plus grands dirigeants, scientifiques, poètes, écrivains et philosophes eurent des tendances homosexuelles ou bisexuelles. Mais on se souvient de tous ces personnages historiques pour ce qu'ils accomplirent et non pour leur orientation sexuelle. Les noms qui suivent vous disent-ils quelque chose ?

Jules César et Néron, empereurs romains
Richard Cœur de Lion, roi d'Angleterre
Pierre le Grand, tsar de Russie
Léonard de Vinci, scientifique et peintre florentin

Louis XIII, roi de France

Sixte IV, pape italien

Henry David Thoreau, poète et essayiste américain

Oscar Wilde, écrivain et dramaturge anglais

Hans Christian Andersen, auteur de contes de fées danois

Dag Hammarskjöld, Suédois, secrétaire général des Nations Unies

Mythe n° 8 : des professionnels (psychiatres, psychologues, ministres du culte) peuvent vous faire changer d'orientation sexuelle.

La réalité : récemment, l'attitude du public à l'endroit de l'homosexualité est passée de la croyance que les gais et les lesbiennes sont des pécheurs à celle qui veut qu'ils soient des malades mentaux. Le corps médical et les psychologues prirent donc des mesures radicales pour tenter de les « guérir ». Au début du dix-neuvième siècle, on castrait (ablation chirurgicale des testicules) les gais. Avec les avancées de la technique médicale, on est passé à la lobotomie (opération chirurgicale qui consiste à couper des fibres nerveuses du lobe frontal du cerveau). Comme ces deux « traitements » n'eurent aucun effet, les médecins essayèrent des drogues, des hormones, l'hypnose, les chocs électriques et la psychothérapie, tout cela sans succès. Pendant presque tout le vingtième siècle, le manuel de base de la psychiatrie américaine, le *Manuel diagnostic et statistique des troubles mentaux* (*DSM*), a classé l'homosexualité dans les déviations sexuelles. Les recherches sur l'homosexualité étaient plutôt rares, parce que les gens avaient peur de révéler leur orientation sexuelle. C'est pourquoi les scientifiques ne pouvaient étudier les gais que dans les prisons ou parmi les patients qui suivaient des cures psychanalytiques, avec pour conséquence que les données recueillies dépeignaient les gais comme des gens émotionnellement perturbés qui avaient besoin de l'aide de professionnels.

En 1973, le *DSM-III* de l'American Psychiatric Association (APA) fut soumis à certaines révisions. Devant les preuves qui lui étaient présentées, le président du comité chargé de la révision décréta qu'un « nombre significatif de gais et de lesbiennes » étaient satisfaits de leur orientation sexuelle, ne montraient aucun signe probant de maladie mentale et n'avaient de problème ni dans leurs relations interpersonnelles ou sociales ni dans leur vie professionnelle. En conséquence, l'homosexualité fut retirée de la liste des troubles mentaux du *DSM-III* révisé.

Jusqu'à cette date, toute personne qui n'était pas hétérosexuelle était considérée comme « anormale » et malade et, en vertu de ce courant de pensée, on croyait que les professionnels devaient pouvoir vous « guérir » si vous étiez « différent » de la majorité. Prenons un exemple pour voir si cette logique peut être valide.

Todd vient d'arriver du Texas et on l'inscrit à l'école secondaire de East Leyden. M. Redman, le professeur, le présente à la classe et le fait asseoir à côté de vous. Vous ne remarquez rien d'inhabituel en lui quand il se laisse glisser sur son siège, et vous lui murmurez un salut rapide. Tandis que M. Redman continue son cours d'algèbre, vous commencez à observer Todd attentivement. Soudain, quelque chose attire votre regard. Sans même vous en rendre compte, vous vous empressez de dire à la classe de regarder Todd. Tout étonné, Todd vous demande ce qui ne va pas. En chœur, la classe répond : « Tu es gaucher ! ».

Les psychiatres, les psychologues et les autres professionnels ne peuvent aider que les gens troublés qui sont insatisfaits de leur vie, quelle que soit leur orientation sexuelle. Une fois votre orientation déterminée, ce n'est pas quelque chose qu'il est possible de changer facilement ; c'est une partie permanente de vous, comme votre race. Comment vous sentiriez-vous si vous étiez à la place de Todd et que l'école vous envoyait voir un thérapeute pour vous « guérir » d'être gaucher.

Mythe n° 9 : les gais sont des pédophiles.

La réalité : les statistiques actuelles, qui proviennent des corps policiers et des agences de protection de la jeunesse de tous les pays occidentaux, indiquent que l'immense majorité des agressions sexuelles commises contre des enfants (entre quatre-vingts et quatre-vingt-dix-sept pour cent) impliquent des hétéro-sexuels, c'est-à-dire des hommes adultes avec des jeunes filles. En fait, une infime proportion des agressions contre les enfants est attribuée à des gais. Ce mythe fait partie intégrante de ce que certains psychologues appellent l'**homophobie**. Ce terme renvoie à la peur, la haine ou l'intolérance que l'on éprouve à l'endroit des gais, des lesbiennes, des bisexuel(le)s ou des transsexuel(le)s. L'homophobie repose aussi sur la crainte tenace que les gais recherchent toujours des relations sexuelles et tirent profit de la vulnérabilité des jeunes. Rien n'est plus loin de la vérité. En fait, la plupart des agressions sexuelles contre des enfants sont commises par des amis de la famille, par des parents ou des connaissances, et non par des gais.

La peur d'être identifié comme gai ou soupçonné de l'être empêche bien des gens d'exprimer des sentiments et des émotions qui semblent pourtant naturels et normaux, surtout si un contact physique en découle. Il faut énormément de courage pour être différent et affirmer ouvertement cette différence dans la société actuelle. Le prochain chapitre traitera des difficultés que rencontre un parent quand il essaie de dire à son fils ou à sa fille que sa famille est vraiment différente des autres. Pensez un peu à la façon dont vous diriez à vos enfants que vous êtes gai. Sauriez-vous comment le dire ou par où commencer ? Probablement pas ! Voyons comment les parents que je vous présente dans le prochain chapitre ont fait face à la situation.

CHAPITRE 3

Comment concilier une double identité

Aussi douloureux soit-il pour un enfant de soupçonner ou d'apprendre que l'un de ses parents ou les deux sont gais, il est tout aussi pénible pour un parent de décider de révéler son orientation à ses enfants et de choisir le moment et la manière appropriés. Il faut tenir compte de nombreux facteurs pour prendre la bonne décision : l'âge de l'enfant, la stabilité de la relation et, plus important encore, le degré de confiance qui existe entre le parent et l'enfant.

La plus grosse difficulté est de savoir si l'on doit ou non le dire à l'enfant. Vaut-il mieux se montrer ouvert et franc ou est-il plus sage de ne jamais reconnaître la véritable nature de la relation que l'on entretient avec son ou sa partenaire ? Un enfant élevé dans une atmosphère d'amour et de compréhension, à l'intérieur d'un environnement homosexuel, pourra-t-il affronter les hauts et les bas de la vie aussi efficacement qu'un enfant élevé dans un environnement hétérosexuel ?

Tout parent gai doit prendre cette décision en se fondant sur la force de la structure familiale. Cela met-il plus de pression sur l'enfant de connaître et d'avoir à défendre un style de vie différent ? La vérité assure-t-elle une base plus solide à la croissance personnelle ? Il n'existe pas de bonne réponse, mais selon André Gide : « Il vaut mieux être haï pour ce qu'on est, qu'aimé pour ce qu'on n'est pas ».

Une fois que l'on a pris la décision de tout dire à l'enfant, la question qui se pose est de savoir comment le dire. Un parent doit se rendre compte qu'il peut y avoir toutes sortes de réactions à ce type de révélation. On peut s'attendre à des réactions qui vont du choc à l'incrédulité, de la colère à la gêne, du rejet au soutien total. Le parent doit être prêt à faire face aux conséquences de sa franchise.

L'étude de la documentation à ce sujet et diverses interviews avec des enfants de parents gais vont maintenant nous permettre de traiter de ces questions et des inquiétudes qu'elles soulèvent. Ce chapitre peut vous rendre plus empathique aux difficultés de vos parents. Vous comprendrez au moins qu'un de vos parents, ou les deux, a bien réfléchi avant de vous dire la vérité. Auriez-vous été aussi franc si *vous* aviez dû leur dire que vous êtes gai ou lesbienne ?

LES ÉTUDES SUR LES ENFANTS DE GAIS ET DE LESBIENNES

En 1987, aux États-Unis, plus d'un million et demi de couples de gais ou de lesbiennes vivaient ensemble. Selon le bureau de recensement américain, 92 000 de ces couples avaient des enfants qui vivaient avec eux. Comme vous le voyez, beaucoup d'enfants partagent ce « secret » et, si vous pensez qu'un de vos parents est gai, dites-vous bien que vous n'êtes pas le seul dans cette situation. Mais quel est l'impact du style de vie de votre parent gai sur votre vie ? Vous êtes le seul à pouvoir répondre précisément à cette question, mais les résultats de nombreuses études ne cachent guère de surprises à ce sujet. Plus de trente-cinq études menées au cours des quinze dernières années démontrent que les enfants de parents gais n'ont pas plus de chances de devenir gais que les autres enfants et qu'ils s'intègrent tout aussi bien à la société.

À la différence du rhume, de la rougeole, des oreillons ou de la varicelle, personne à ce jour n'a jamais «attrapé» l'homosexualité. Si vous croyez vraiment qu'on peut «attraper» une orientation sexuelle, comment expliquez-vous que des enfants élevés dans une famille monoparentale soient hétérosexuels? Ou que des enfants élevés par des parents hétérosexuels soient gais? L'homosexualité ne se transmet **pas** des parents aux enfants. Les chercheurs estiment par ailleurs qu'un parent sur quatre aura un enfant gai. Qui sait, vous serez peut-être **vous-même** un jour le parent d'un enfant gai.

Jean-Claude

Les feuilles étaient tombées des arbres depuis longtemps. Jean-Claude sentait le froid traverser son blouson. L'hiver était à nos portes et cette saison lui rappelait de terribles souvenirs. Il skiait avec son père quand une avalanche venue de nulle part les balaya tous les deux. En un instant, son père avait disparu dans un nuage de neige. On ne retrouva son corps que deux jours plus tard. Jean-Claude avait eu la chance d'être récupéré par les sauveteurs en moins de cinq heures. Pendant ces longues heures, il pria en se demandant qui prendrait soin de sa mère s'ils devaient mourir tous les deux.

L'accident s'était produit six ans plus tôt, mais il était encore frais à sa mémoire. Même si son oncle habitait à moins de trois kilomètres, son père lui manquait. Jean-Claude savait que son père aurait compris s'il lui avait dit qu'il « préférait les garçons aux filles ». Sa mère ne lui parlait jamais de son orientation sexuelle, mais elle lui faisait lire tous les articles sur le sida qu'elle pouvait trouver. Jean-Claude se demandait souvent pourquoi il était gai, mais cela ne lui importait plus guère. Il savait qu'il était une personne chaleureuse et qui se souciait des autres. Il savait aussi que Dieu l'avait épargné lors de ce terrible accident et cela lui fournissait la force nécessaire pour affronter les persécutions qu'il subissait jour après jour parce qu'il était gai. Si seulement sa mère pouvait surmonter la colère que lui inspirait le fait d'avoir un fils gai !

Rebecca

« Avant même ma naissance, mon père était gai. Ma mère et lui ne se sont jamais mariés parce qu'elle est lesbienne. J'ai fréquenté des gais et des lesbiennes toute ma vie et ils m'ont toujours traitée avec respect et dignité. Je ne me rappelle pas la première manifestation gaie à laquelle j'ai participé parce qu'à l'époque, je n'avais que trois mois.

J'ai toujours vécu avec mon père et je ne regrette rien de mon enfance. Mohamed et lui s'aiment depuis près de quatorze ans et j'adore la façon dont ils me gâtent tous les deux. Ce qu'il y a eu de plus drôle dans le fait de grandir dans un environnement familial où il n'y a que des hommes, c'est que nous avons tous dû apprendre ensemble à traiter les particularités du monde des filles. À l'école, l'infirmière nous a appris ce qu'est le cycle menstruel. Comme j'étais gênée, je ne posais pas la moindre question. Vous auriez dû voir la tête de mon père quand je lui ai demandé de me conduire à la pharmacie pour acheter des serviettes hygiéniques ! Ni Mohamed ni mon père ne savaient comment me faire des tresses ou comment choisir un soutien-gorge, mais nous avons appris tous ensemble.

La plupart de mes amies eurent le droit de sortir avec des garçons dès l'âge de quinze ans, mais mes deux pères trouvaient que seize ans, c'était bien assez tôt. Je n'avais pas la permission de sortir les soirs de semaine, à moins que cela ne soit pour des raisons qui avaient trait à l'école, comme un match de basket ou un concert. Le couvre-feu était fixé à vingt-trois heures et ils étaient là tous les deux à m'attendre quand je rentrais d'un rendez-vous. Chacun de mes rendez-vous me valait des dizaines de questions : Où allions-nous ? Avec qui ? Qui conduirait ? Est-ce qu'il y aurait de l'alcool ou des drogues à la soirée ? Les parents seraient-ils là ? Je détestais toutes ces questions, mais je sentais vraiment qu'ils m'aimaient de tout leur cœur. Je savais que je pourrais appeler l'un ou l'autre à n'importe quelle heure pour qu'ils viennent me chercher et qu'ils me ramèneraient en toute sécurité à la maison sans trop poser de questions.

Est-ce que je trouvais qu'ils étaient trop stricts ou qu'ils me protégeaient trop ? Probablement. Mais j'avais deux parents qui voulaient que je sois heureuse et ils avaient très hâte tous les deux d'être grands-pères. Et je savais qu'un jour je serais une épouse formidable et une excellente mère. Tout ce que j'espérais, c'est que j'épouserais un homme qui ressemble en tous points à " mes deux papas ". »

Être gai n'est pas quelque chose qu'on « attrape » ou qu'on hérite de ses parents. Ce n'est pas parce que votre père a des taches de rousseur que vous en aurez aussi. Et si votre mère a une tache de vin dans le cou, cela ne veut pas dire que vous en aurez une aussi. Jean-Claude et Rebecca ne courent pas plus de risques d'être des mésadaptés que n'importe quel autre enfant. Votre identité sexuelle se révélera avec le temps et souhaitons que vous l'accueillerez à bras ouverts.

Les enfants de parents gais sont comme tous les autres enfants. Ceux que leurs parents aiment inconditionnellement, avec lesquels ils passent du bon temps, qu'ils encouragent à être autonomes, qu'ils aident à développer un esprit critique et la capacité de résoudre les problèmes, ceux-là ont une vision positive d'eux-mêmes et sont très proches de leurs parents. Il s'agit là des qualités que tout parent veut voir son enfant acquérir dans le monde d'aujour-d'hui, car les enfants qui en seront dépourvus auront du mal à survivre dans la société compétitive que nous connaissons de nos jours.

Même si beaucoup de gais et de lesbiennes ado-rent leur rôle de parent, tout le monde ne réussit pas à être un bon parent. Voyons, par exemple, ce qui arrive à Anastasia.

Anastasia

Le passage de l'école publique à l'école privée fut très difficile pour Anastasia. Elle détestait la jupe écossaise bleue, le chemisier blanc et les chaussures basses qui constituaient son uniforme. Les garçons étaient pour la plupart des tronches et les équipes sportives finissaient régulièrement aux dernières places de leur ligue. Anastasia se sentait perdue dans cette nouvelle école et elle aurait préféré mourir l'été d'avant plutôt que de s'y retrouver. Pourtant, les pro-grammes étaient avant-gardistes, il y avait des ordi-nateurs à la bibliothèque, on y enseignait diverses langues étrangères et le rapport professeur-élèves était bas. Sa plus grosse classe n'avait que dix-huit élèves. Anastasia était très brillante, mais elle n'avait aucun désir d'aller à l'école ou d'apprendre quoi que ce soit de ses professeurs.

Anastasia se disputait sans cesse avec sa mère ; c'est-à-dire chaque fois qu'elle était à la maison. Car sa mère avait deux emplois, le premier comme assistante juridique et le second dans une librairie féministe où elle travaillait de vingt heures à minuit, six soirs par semaine. Seule une poignée des amies les plus intimes d'Anastasia savaient que sa mère était lesbienne. Anastasia appréciait la liberté que lui donnait l'emploi du temps de sa mère. Elle se tenait généralement au centre commercial du coin avec un groupe de jeunes riches et elle sortait avec Robert qui avait sa propre voiture. Elle manquait si souvent l'école qu'elle faillit redoubler une année. Si elle ne s'était pas fait surprendre à boire dans les toilettes, elle serait encore à l'école publique avec ses amis. Mais l'avocat de sa mère avait négocié un arrangement avec les autorités scolaires : elle ne redoublait pas si elle ne fréquentait plus l'école publique pendant au moins deux ans ou tant qu'elle n'aurait pas suivi une cure de désintoxication et rencontré un thérapeute. Anastasia savait que tout ce que sa mère voulait, c'est qu'elle obtienne son diplôme. Elle s'en fichait que sa fille suive ou non une thérapie. Selon sa mère, les thérapies n'étaient qu'un gaspillage de temps et d'argent. Alors Anastasia continua de sortir avec Robert et de voler de l'alcool dans la réserve de sa mère.

Anastasia garde peu de souvenirs de sa première année dans son école privée, mais elle sait qu'elle aimait Robert. Il lui avait montré à quel point il l'aimait en acceptant de partager son crack avec elle. Ils avaient fait l'amour sous l'effet de la drogue et cette nuit-là resterait gravée dans sa mémoire. Cinq semaines plus tard, elle était enceinte et Robert avait une nouvelle petite amie.

Depuis des années, les gens se demandent « Qu'est-ce qui est venu en premier, l'œuf ou la poule ? » Dans l'histoire d'Anastasia, c'est un peu la même chose, mais la réponse est bien plus simple. Le lesbianisme de sa mère a-t-il causé la délinquance d'Anastasia, sa consommation de drogue et sa promiscuité sexuelle ou sa mère n'était-elle pas plutôt une mauvaise mère. Demandez à vos amis ce qu'ils en pensent. La réponse est assez évidente : cette femme n'avait pas ce qu'il faut pour être un bon parent. Elle ne passait jamais de temps avec sa fille et ne s'intéressait ni à sa santé ni à son bien-être. Tout le monde ne possède pas les qualités qui font les bons parents. Être un bon parent représente beaucoup de travail. Cela exige un amour inconditionnel, du temps, de la patience et le désir d'assumer son rôle. Si ces qualités manquent à l'un ou l'autre de vos parents, il vous sera très difficile d'être proche de lui.

LA PIÈCE MANQUANTE DU PUZZLE

Le divorce est l'un des éléments qui affectent et transforment le plus la vie des gens de nos jours. Le taux de divorce a commencé à prendre des proportions astronomiques vers le milieu des années soixante et ce n'est que récemment qu'il s'est stabilisé. En 1974, des chercheurs ont démontré que pour la première fois de l'histoire, le mariage se terminait plus souvent par un divorce que par la mort d'un des conjoints. De nos jours, entre cinquante et soixante pour cent de tous les nouveaux mariages risquent de se terminer par un divorce. Pensez à vos meilleurs amis. Combien d'entre eux ont des parents divorcés ? Et vous, vos parents ont-ils divorcé ? Ou sont-ils en train de le faire ?

Qui est responsable quand un couple décide de divorcer ? S'il n'y a pas d'enfant en jeu, tout le monde admettra que c'est le couple lui-même qui est responsable de sa séparation. Mais quand il y a des enfants, ceux-ci se sentent souvent responsables de la désintégration de la structure familiale. Bien que les enfants réagissent différemment au divorce selon leur âge, de nombreuses études ont démontré que les enfants pensent souvent que c'est leur comportement, leur tempérament ou même leur sexe qui aura causé la destruction de la famille.

Si vous avez passé des mois ou même des années à vous sentir responsable du divorce de vos parents, vous serez peut-être soulagé(e) d'apprendre ce qui a mal fonctionné dans leur mariage. L'énorme sentiment de culpabilité que vous avez peut-être ressenti pendant tout ce temps au sujet du divorce de vos parents peut finalement disparaître quand l'un d'eux affirme enfin son identité de gai ou de lesbienne.

Même si vos parents peuvent fort bien ne pas vous avoir révélé la ou les raisons de leur divorce, il est possible qu'ils se soient séparés parce que l'un d'eux était gai et qu'il a décidé qu'il était temps de reconnaître enfin son orientation sexuelle. Vous allez donc peut-être devoir faire face à toute une série de questions interreliées. Non seulement devrez-vous vous adapter au divorce, mais il vous faudra aussi vous adapter à une nouvelle structure familiale et à la révélation de l'orientation sexuelle de l'un de vos parents. Qu'est-ce qui est le plus dérangeant pour vous, le divorce de vos parents ou la découverte que l'un d'eux est gai ? Prenez quelques minutes pour réfléchir à cette question.

LE DIRE OU NE PAS LE DIRE, VOILÀ LA QUESTION

L'écrivain irlandais George Bernard Shaw a déjà déclaré dans un discours : « Quand on m'empêche de faire ce que j'ai envie de faire, cela s'appelle de la persécution, mais quand moi j'empêche les autres de faire ce qu'ils veulent, cela s'appelle la loi, l'ordre et la morale. » Si vous réfléchissez un peu à cette citation, vous comprendrez pourquoi tant de gais et de lesbiennes n'admettent jamais publiquement leur identité sexuelle. Pour éviter la discrimination dont ils pourraient être l'objet dans leur famille, au travail, en matière de logement, de religion et même auprès de leurs amis, ils restent « cachés » ou « invisibles ». Les chartes des droits de l'homme de nombreux pays occidentaux interdisent toute discrimination fondée sur le sexe, la couleur de la peau ou la race, l'origine ethnique ou la religion, mais les préférences sexuelles ou amoureuses ne sont pas toujours protégées par ces législations. Comment réagiriez-vous si vous étiez dans la peau de Jay ?

Jay

Toute sa vie, Jay avait su qu'il voulait être chef cuisinier. Il passait des heures à regarder sa grand-mère, son père et ses sœurs aînées faire la cuisine. Au secondaire, il avait déniché son premier travail comme garçon chez Antoine, un des meilleurs restaurants de New York. Chaque fois qu'il en avait l'occasion, il posait des questions aux chefs et les suppliait de le faire goûter à tout ce qu'ils préparaient. En classe, il arrivait à peine à se concentrer sur les cours tant il attendait la sonnerie de la fin des classes avec impatience pour pouvoir aller au restaurant.

Son diplôme d'études secondaires en poche, Jay commença à travailler à plein temps au restaurant. Même si les chefs semblaient trouver ses questions ennuyeuses, ils savaient qu'un jour ou l'autre il allait leur poser des questions sur les diverses écoles de cuisine des États-Unis et d'Europe. Jay commença des études en gestion de restaurant dans une école professionnelle supérieure, mais sa passion restait la cuisine. Il adorait préparer de bons gueuletons pour sa famille et ses amis, et un jour, un traiteur de la ville l'engagea pour les mariages et les événements spéciaux.

À vingt-cinq ans, Jay avait obtenu son diplôme et avait travaillé dans quatre grands restaurants. Il savait qu'il était temps de parfaire ses talents de cuisinier. Il fit une recherche sur tous les grands chefs du pays, mais il hésitait entre plusieurs écoles : la Johnson and Wales University de Charleston en Caroline du Sud, le Culinary Institute of America de Hyde Park à New York ou l'American Culinary Federation Educational Institute de Chicago. Il avait décidé qu'il était temps de quitter la région de New York et il arrêta finalement son choix sur Johnson and Wales. Il en sortit premier de sa promotion et fut engagé comme apprenti par François Delorose, le célèbre chef d'Atlanta. Après trois ans à Atlanta, il alla se perfectionner à la Leith's School of Food and Wine de Londres et chez Lenôtre, le célèbre pâtissier de Paris. Avec chacun de ses accomplissements, sa passion pour la cuisine ne faisait qu'augmenter. Il revint enfin à New York pour être plus près de sa famille.

Il fut difficile pour Jay de choisir entre les nombreuses offres d'emploi qui lui étaient faites, mais il opta finalement pour le Dominique's de l'hôtel Alexander. Ce restaurant offrait une cuisine traditionnelle d'une grande élégance rehaussée de quelques plats plus exotiques. Jay savait qu'il réussirait dans sa cuisine à créer quelques chefs-d'œuvre au goût de ses clients. Les critiques culinaires adorèrent effectivement les nouveaux plats que Jay ajouta au menu et, pour la première fois de sa vie, Jay se sentait comme une vraie personne, quelqu'un d'entier. Il adorait son travail et il venait de fêter son cinquième anniversaire de vie commune avec Ricardo. La vie était merveilleuse.

En raison du travail de Ricardo, pilote pour United Airlines, ils devaient profiter le plus possible du peu de temps qu'ils passaient ensemble. L'horaire de Ricardo changeait souvent, mais Jay pouvait partir avec lui n'importe où, lorsqu'il y avait un siège libre dans l'avion. Ce fut après un week-end de trois jours à Denver que Jay apprit en retournant travailler qu'il avait été renvoyé et remplacé par un autre chef. Le seul commentaire du maître d'hôtel fut : « Que penseraient les clients s'ils savaient que l'homme qui prépare leurs repas est gai ? »

Chez Dominique's, personne n'avait jamais mis en doute les talents culinaires de Jay. Il avait étudié dans des institutions renommées et avait été l'apprenti des plus grands chefs, mais sous prétexte de son style de vie gai, il fut victime de discrimination. Et vous, qu'auriez-vous pensé si vous aviez su que le grand chef qui vous fait la cuisine est gai ? Si vous pensez que cela vous aurait mis mal à l'aise, vous pourriez peut-être vous interroger sur vos idées concernant l'homosexualité. Et comment réagiriez-vous si après avoir étudié pendant des années, vous étiez congédié en raison de votre orientation sexuelle ?

Le processus qui consiste à reconnaître publique-ment son orientation sexuelle s'appelle « sortir du placard ». Il faut à tout le monde beaucoup de cou-rage pour faire ce pas, mais tout particulièrement pour un parent gai. Votre parent veut que vous sachiez qui il ou elle est vraiment, plutôt que de vous cacher sa véritable identité. Il lui aura probablement fallu des années pour intérioriser son identité gaie et la reconnaître. Pour conserver son intégrité en tant que parent, la révélation de sa vraie nature semble bien la seule chose à faire. Analysez vos sentiments après la lecture de l'histoire de Carole.

Carole

« Toute ma vie, j'ai su que je voulais être mère. Pour la majorité des femmes, c'est un choix facile à assu-mer, mais je tombe dans une catégorie de personnes pour qui ce choix prend un tour un peu différent. Je suis lesbienne et j'ai une conjointe stable depuis les dix dernières années. Je compte bien passer le reste de ma vie avec elle.

Comme n'importe quel autre couple, nous aimerions avoir des enfants. Mais pourquoi est-ce que moi personnellement je voulais un enfant? Il était difficile de ne pas considérer ce désir d'un point de vue purement égoïste. Allais-je lancer un enfant dans une vie de difficultés et de confusion uniquement pour satisfaire un besoin personnel? Ou pourrions-nous toutes les deux offrir à un enfant une vie d'amour et d'épanouissement que, sans nous, il n'aurait pas eue? Ma partenaire et moi avons passé des heures, des jours et même des années à peser le pour et le contre de cette situation et à en discuter. Il est difficile d'imaginer qu'un autre parent ait pu se livrer à plus d'introspection avant de décider d'avoir un enfant.

Avec la ferme conviction que je faisais la chose qu'il fallait, j'ai obtenu l'aide d'un avocat pour enclencher le processus d'adoption. Après plus de deux ans et demi d'évaluations fouillées, nous avons eu le bonheur de nous voir accorder l'adoption d'une petite fille d'un an. Mais le véritable test s'est passé quand elle a eu cinq ans et que nous nous sommes retrouvées devant la tâche d'avoir à dire à cette précieuse enfant qu'elle vivait dans un milieu familial que beaucoup considéraient comme non naturel ou même déviant.

Que pouvions-nous lui dire pour la préparer aux attaques que subissent les homosexuels dans la société? Du mieux que nous avons pu, nous lui

avons expliqué que certaines personnes n'acceptaient que le modèle de la famille traditionnelle cons-
titué d'un homme et d'une femme. Mais ce qui était
important pour nous, c'était d'offrir à notre enfant
des choses comme l'amour, la confiance, l'expression
des sentiments et le respect.

Une enfant de cinq ans peut parfaitement apprécier à leur juste valeur la vérité, la franchise et le
soutien qu'on lui offre. Même si nous savons que
nous aurons probablement à affronter beaucoup de
moments difficiles, nous sommes convaincues que
nous avons réussi à donner à notre enfant des valeurs
solides, et nous la croyons capable de supporter les
préjugés de notre société. »

* * *

Beaucoup de gais prennent une part active dans
l'éducation de leurs enfants, ce qui exige généralement de fréquents contacts, en particulier si on ne vit
pas avec son enfant. Plus vous passez de temps avec
votre parent gai, plus il y a de chances que vous
découvriez tout seul que votre parent est gai. Plutôt
que d'attendre que cette découverte se fasse d'elle-
même, les parents gais croient généralement qu'il
vaut mieux tout simplement le dire à leurs enfants le
plus tôt possible.

De plus, comment réagiriez-vous si votre parent
gai vous présentait son nouveau ou sa nouvelle par-

tenaire sans que vous sachiez que votre parent est gai? Vous sentiriez-vous trahi(e)? Seriez-vous en colère? Approuveriez-vous leur relation si vous aviez eu le temps d'y penser et de vous y adapter? Personne ne gagne quoi que ce soit à une situation semblable qui peut finir par causer des torts irréparables à la relation entre un parent gai et son enfant. C'est pourquoi beaucoup de parents gais pensent qu'il faut absolument révéler très tôt son identité gaie à ses enfants.

Daniel et Jacques

Songez un peu à la situation qu'a dû affronter la mère de Daniel et de Jacques. Au moment du divorce de leurs parents, les deux garçons avaient treize et quinze ans. Michel, leur père, s'était vu accorder la garde de ses fils et les enfants avaient vécu avec lui jusqu'à ce qu'il décide de se remarier et d'aller vivre dans une autre ville. Ne voulant pas quitter leurs amis, leur école et les autres membres de la famille, les garçons, âgés maintenant de quinze et de dix-sept ans, demandèrent à vivre avec leur mère.

Julie était très excitée par leur requête, mais elle devait faire face à un véritable dilemme. Depuis la rupture de son mariage, elle avait noué une relation avec une autre femme. Elle connaissait Louise depuis des années. Elles travaillaient ensemble depuis dix ans et se rencontraient souvent après les heures de

bureau. Il y avait toujours eu une entente exception-
nelle entre elles et les garçons étaient habitués à voir
souvent Louise à la maison. Mais au moment de la
demande des enfants, Julie vivait avec Louise et était
unie à elle dans ce qu'elle considérait être une relation sérieuse et à long terme.

Comment Julie devait-elle annoncer la nouvelle à
ses fils ? Devait-elle d'abord les laisser s'installer et
s'habituer progressivement à cette relation ou devait-
elle essayer de tout leur expliquer avant qu'ils em-
ménagent ? Persuadée que les garçons étaient assez
vieux pour supporter la vérité, elle choisit de tout
leur dire avant qu'ils s'installent. Cette décision
s'inscrivait dans le climat de franchise et d'ouverture
d'esprit qui avait toujours caractérisé sa relation avec
les garçons.

À votre avis, Julie prit-elle la bonne décision ?
Seriez-vous allé vivre avec elle si vous aviez été à la
place de Daniel ou de Jacques ? Pourquoi ? Comment
réagiriez-vous si vous étiez à la place de Louise et
que vous voyiez soudain arriver deux adolescents
dans la maison ? Essayeriez-vous d'être un autre
parent pour eux ou préféreriez-vous essayer d'être
leur « amie » ? Si vous étiez Louise, demanderiez-
vous à Julie de choisir entre vous et ses enfants ? Et
que serait-il arrivé à la relation entre Julie et ses fils si
elle leur avait simplement dit : « C'est votre père qui
a obtenu la garde : c'est impossible pour vous de
venir vivre avec moi maintenant » ? Était-ce bien de

la part de Daniel et de Jacques de mettre leur mère dans cette situation ?

Il n'y a de réponse facile à aucune de ces questions. Mais remarquez le nombre de personnes dont la vie sera affectée par chacune de ces décisions. Julie aime profondément ses enfants et veut continuer à les élever, mais cela pourrait lui coûter sa relation avec Louise. Ne sachant rien de la double identité de leur mère (elle sait qu'elle est lesbienne, mais les garçons croient le contraire), Daniel et Jacques n'ont aucune idée des perturbations que leur demande toute simple a pu causer. Et pendant ce temps, leur père se remariait et commençait une nouvelle vie de son côté. Comment Daniel et Jacques s'insèrent-ils dans cette nouvelle famille ?

Tous les exemples précédents aboutirent à la décision prise par le parent gai d'être franc avec ses enfants sur son orientation sexuelle. Parfois les parents décident que cela peut faire plus de mal que de bien à leur relation et ils préfèrent garder leur identité sexuelle secrète. Dans l'exemple que nous verrons maintenant, Charles décida de **ne pas** dévoiler son orientation sexuelle. Examinons sa décision et voyons quelles réactions soulève sa décision de garder son « secret de famille ».

Lynda

Les parents de Lynda étaient divorcés depuis plusieurs années et elle vivait avec sa mère. En juillet, elle apprit que sa mère serait mutée et qu'elles devraient déménager. Comme elle était très engagée dans la vie de son école, Lynda commença à évoquer la possibilité d'habiter avec son père. Cela lui permettrait de finir sa dernière année de secondaire avec ses amies et de remplir les nombreuses obligations qu'elle avait à l'école. Elle était présidente de sa classe, jouait dans les équipes de volley-ball et de tennis de l'école et était membre du club oratoire. Pour pouvoir obtenir les nombreuses bourses qu'elle visait en travaillant très fort, il était important qu'elle reste dans la même école.

Lynda entretenait d'excellentes relations avec son père et ils passaient souvent du temps ensemble. Comme ses deux parents étaient enseignants, Lynda comprenait que son père ait eu, pour des raisons financières, à louer une partie de sa maison de trois chambres à un de ses amis, Bernard. Celui-ci était conseiller dans un centre pour déficients intellectuels. Il semblait être un homme brillant, affectueux et extraverti. Dans l'ensemble, il faisait à Lynda une excellente impression. Elle pensait qu'elle serait parfaitement à l'aise avec son père et Bernard. Et comme la maison avait trois chambres à coucher, venir s'installer avec eux ne devrait pas trop déranger leur vie.

Au début, Charles avait très peur de cette nouvelle situation. Il n'avait jamais dit à sa fille qu'il était gai et il n'était pas certain qu'un simple séjour d'à peine neuf mois exigeait qu'il se dévoile à ce point. La dernière chose qu'il voulait, c'était mettre en danger la relation qu'il avait avec sa fille. Après en avoir longuement discuté avec Bernard, il avait décidé de ne pas partager son « secret » avec elle. Bernard et lui étaient prêts à se montrer assez discrets pour que la nature de leur relation ne paraisse pas au grand jour. Ils étaient convaincus que cela n'aurait pas été dans l'intérêt de Lynda de la lui révéler.

Que pensez-vous de la décision de Charles ? Vous sentiriez-vous trahi(e) si vous appreniez que votre père est gai de quelqu'un d'autre que lui ? Le fait de vous le faire dire ou de le découvrir par vous-même changerait-il vos sentiments à son égard ? Cette situation était-elle difficile pour Bernard ? Charles a-t-il beaucoup de respect pour sa fille ? Comment vous sentiriez-vous si vous ne pouviez pas exprimer votre amour pour votre partenaire dans votre propre maison ? Pourriez-vous vous abstenir de toute marque d'affection à son endroit pendant neuf mois ?

LE MEILLEUR DES PLANS PEUT AVORTER

Dans toute relation, l'attitude de chaque partenaire et le soutien qu'il accorde à l'autre influencent grandement le processus décisionnel. Quand il est question de dévoiler son identité sexuelle, la force du lien qui unit les deux partenaires a une influence capitale sur la décision. La transition est plus facile et plus souple quand le parent gai peut se séparer de son conjoint hétérosexuel en conservant sa confiance et son respect et en ayant à cœur vos intérêts.

Si l'orientation sexuelle de son ex-conjoint rend le parent hétérosexuel mal à l'aise ou le met sur la défensive, il peut s'ensuivre une lutte à finir dont vous serez l'enjeu. Votre parent hétérosexuel pourrait essayer de vous monter contre votre parent gai ou de vous mettre aussi mal à l'aise que lui avec cette situation. C'est à ce moment que la relation que vous avez avec le partenaire de votre parent gai prend toute son importance. Vous avez peut-être eu la chance de passer du temps avec cette personne et de vous faire une opinion sur elle, d'abord en tant que personne et sans la moindre étiquette. Si vous avez eu la possibilité d'observer cette personne dans une atmosphère d'amour et d'affection, la transition pourra s'effectuer sur des bases plus solides. Mais si vous rencontrez cette personne pour la première fois après vous être fait révéler la relation qu'elle entretient avec votre parent, vous pouvez éprouver du ressentiment et de la confusion à son endroit. Ou encore, si le parent hétérosexuel décide de vous apprendre la nouvelle de façon négative dans un effort pour vous dresser contre votre parent gai, vos chances de comprendre et d'accepter la situation seront considérablement réduites.

Il ne suffit pas de bien réfléchir avant de décider de révéler à un enfant qu'on est homosexuel, il est évident qu'il faut encore que le moment soit bien choisi. Le parent le mieux intentionné du monde peut se faire priver de toute occasion de bien dévoiler la chose par l'autre parent, si celui-ci lui en veut.

« NOUS AVONS UN RÊVE »

Les parents gais que j'ai rencontrés aimeraient partager avec vous une pensée qui leur est chère. Il est difficile de révéler à un enfant qu'on est gai ou lesbienne, c'est pourquoi les parents gais aimeraient que les enfants appuient la cause des homosexuels et de toutes les personnes qui subissent une forme de discrimination. Ce n'est qu'à ce moment-là que tous les gens persécutés pourront sortir de l'ombre et vivre pleinement leur identité. Est-ce trop demander pour un parent ?

CHAPITRE 4

Vivre avec son secret

Les parents gais et leurs enfants vivent dans un monde qui n'accepte pas l'homosexualité et qui s'oppose encore davantage à ce que les gais ou les lesbiennes aient des enfants. Pour beaucoup de gens, l'homosexualité et la paternité ou la maternité sont incompatibles. Certains États américains interdisent encore aux gais et aux lesbiennes d'adopter des enfants. Et il aura fallu plus de deux décennies de recherches démontrant que les enfants élevés dans un environnement gai sont aussi bien adaptés à la vie en société que les enfants élevés dans des familles hétérosexuelles pour que les lois commencent à changer. L'orientation sexuelle d'un parent a souvent joué un rôle déterminant dans les poursuites pour la garde des enfants et ce n'est que tout récemment qu'une jurisprudence a pu être constituée pour permettre aux parents gais de surmonter cet obstacle. Il n'en demeure pas moins cependant que les juges gardent encore d'énormes pouvoirs discrétionnaires pour déterminer si un individu est apte ou non à avoir des enfants. Si le juge du tribunal de la famille a certains préjugés, il peut encore parfaitement décider qu'un gai ou une lesbienne n'a pas les qualités requises pour être parent. Tendons une oreille indiscrète vers la salle d'audience du juge Rivers et voyons s'il se montre constant dans ses décisions ou si, au contraire, ses préjugés ne viennent pas nuire aux intérêts de l'enfant.

Le juge Rivers

Mai-Ling était tout effrayée de se retrouver dans cette immense salle d'audience et elle n'arrivait pas à comprendre ce qui se passait. C'était difficile pour une enfant de quatre ans de voir des visages moqueurs, sa mère en pleurs et la douleur sur le visage de son père. Ils étaient venus au moins une demi-douzaine de fois dans l'année dans cette même salle. Qu'est-ce qu'un avocat et pourquoi la mère de Mai-Ling en avait-elle besoin pour parler au juge Rivers ? Mai-Ling avait rencontré le juge dans son bureau et elle l'avait trouvé très gentil ; il lui avait même donné des bonbons. Mais pourquoi lui demandait-on sans cesse avec qui elle voulait vivre ? Elle voulait vivre avec sa mère et son père. Cela avait été très difficile pour elle de s'habituer à ne voir son père que les week-ends, mais elle adorait tous les endroits où il l'emmenait et maintenant, il n'allait plus jamais au bureau la fin de semaine comme il avait l'habitude de le faire. Mai-Ling était ravie de l'attention que son père lui accordait, mais elle voulait que sa famille se remette à vivre comme elle le faisait avant — ensemble.

L'avocat de son père, Mᵉ Goldberg, prit la parole, mais Mai-Ling ne comprenait qu'en partie ce qu'il disait. Mᵉ Goldberg dit que son père « avait perdu les pédales » à cause du stress de la séparation, mais que maintenant il s'était inscrit aux Alcooliques Anonymes. Mai-Ling était étonnée : elle n'avait jamais vu son père faire du vélo ! Peut-être qu'il lui en ferait faire à elle aussi la fin de semaine prochaine.

Après plus d'une heure, le juge Rivers dit que c'était l'heure de dîner et qu'il rendrait sa décision à quatorze heures. Mai-Ling était étonnée de voir qu'il fallait autant de temps à un homme aussi sage pour décider de ce qu'il voulait manger. Elle, elle voulait un hot dog avec de la sauce chili, du fromage et des oignons.

Ils revinrent à la salle d'audience un peu avant quatorze heures ; la tension était insupportable. Son père lui fit un clin d'œil et elle lui répondit par un petit signe de la main. Elle essayait d'être courageuse, mais elle se mit à trembler quand le juge entra dans la salle. Quand il commença à parler, la mère de Mai-Ling prit la main de la fillette. « Après avoir parlé à Mai-Ling et avoir tenu compte des arguments des deux parties, je tranche en faveur de Mme Woo. La garde de l'enfant mineure Mai-Ling sera partagée entre les deux ex-conjoints. Si M. Woo continue d'aller aux réunions des Alcooliques Anonymes et reste à jeun pendant au moins six mois, il pourra garder Mai-Ling un week-end par mois et la voir tous les autres week-ends. M. Woo devra se représenter en cour dans six mois et fournir des preuves de sa sobriété avant de pouvoir prendre part aux décisions concernant l'éducation de Mai-Ling. »

Sa mère serra Mai-Ling si fort qu'elle avait du mal à respirer. En se retournant, Mai-Ling vit une autre petite fille, sensiblement du même âge, qui attendait aussi le juge Rivers. Mai-Ling alla vers elle et se présenta : « Je m'appelle Mai-Ling, et toi ? » La fillette baissa les yeux et se contenta de répondre : « Thuy ». Mai-Ling serra la main de Thuy et lui dit que tout allait bien se passer. Et en plus, elle pourrait prendre un bonbon dans le bocal du juge.

Thuy

La salle d'audience était tout aussi intimidante pour la petite Thuy, âgée de quatre ans, qu'elle l'avait été pour Mai-Ling. Ses parents étaient séparés depuis dix-huit mois et, quand ils se rencontraient, ils se disputaient plus violemment que jamais. Dans ces moments-là, Thuy voulait se réfugier dans les bras d'Ingrid pour qu'elle lui caresse les cheveux. Elle se sentait toujours en sécurité et se détendait quand Ingrid faisait cela. Ingrid était la meilleure amie de sa mère et elle vivait avec elles. Elles avaient, toutes les trois, beaucoup de plaisir à vivre ensemble, mais son père manquait à Thuy. Elle ne s'ennuyait pas de ses crises d'ivrognerie ou de violence, mais elle s'ennuyait de jouer à la lutte avec lui sur le plancher du salon, après le souper. Et M. Pham l'emmenait aussi voir des matches de baseball; il avait même une fois attrapé une fausse balle pour elle. Elle l'exhibait encore fièrement dans la bibliothèque à côté de son lit.

Avant qu'elles entrent dans la salle, sa mère dit à Thuy que la chose la plus importante était de dire la vérité. Thuy ne mentait jamais et elle se demandait pourquoi sa mère avait l'air aussi triste aujourd'hui. L'avocat de sa mère et celui de son père parlèrent à voix basse avec le juge avant que ce dernier n'emmène Thuy dans son bureau pour discuter un peu avec elle.

Le juge Rivers avait l'air d'un homme puissant, mais il ne devenait pas violent comme pouvait l'être le père de Thuy. Il commença à lui poser des questions et au début, c'était facile de répondre. « Qu'est-ce que tu préfères à la maternelle ? » Le dessin. « Vas-tu à la messe avec ta mère le dimanche ? » Oui, nous y allons toutes les trois tous les dimanches et en plus, je vais à l'école du dimanche avec les autres enfants. « As-tu ta propre chambre à coucher ? » Oui, et j'ai même un lit à baldaquin. « Est-ce que ta mère a sa propre chambre à coucher ? » Non, nous avons un petit appartement et ma mère partage la chambre d'Ingrid. « Qui est Ingrid ? » Ma deuxième maman. « Avec qui veux-tu vivre ? » Je veux vivre avec ma mère et mon père, mais... Le juge Rivers n'écoutait déjà plus. Il lui offrit simplement un bonbon et lui dit qu'il allait tout arranger.

Thuy quitta le bureau du juge tout heureuse et traversa le hall à toute allure. Elle avait hâte de dire à sa mère que le juge allait tout arranger. M. Pham allait arrêter de boire et ne serait jamais plus violent, et ils pourraient tous retourner dans la grande maison qu'ils habitaient avant. Ingrid pourrait avoir sa propre chambre et n'aurait plus besoin de partager sa voiture avec la mère de Thuy. Elle était tout excitée, mais cela ne la dérangeait pas de rester assise encore un peu dans la salle d'audience parce que bientôt, ils allaient redevenir une famille heureuse tous ensemble.

Le juge entra finalement dans la salle accompagné d'un policier : « Après avoir parlé à Thuy et avoir soigneusement examiné les preuves, je me prononce en faveur de M. Pham. Il aura seul la garde de l'enfant mineure Thuy. Mme Pham pourra garder l'enfant un week-end par mois et la voir tous les autres week-ends à condition qu'elle mette fin à sa relation lesbienne. Dans le cas contraire, tous ses droits de visite seront supprimés. L'audience est levée. »

Avant même qu'elle sache ce qui lui arrivait, le policier retenait sa mère tandis que son père l'enlevait dans ses bras et l'emmenait loin du tribunal. Thuy se débattait et criait : « Je veux ma maman », tandis qu'un taxi les emportait.

Repassez en revue ces deux causes et notez les similarités entre les personnages. Pourquoi, à votre avis, le juge Rivers statua-t-il que Mai-Ling pourrait continuer à vivre avec sa mère alors que Thuy devrait vivre avec son père ? Aurait-il dû exiger de M. Pham qu'il suive une cure de désintoxication avant que Thuy n'aille vivre avec lui ? Et que pensez-vous des questions que le juge Rivers posa à Thuy ? Pensez-vous que c'était dans l'intérêt de l'enfant d'aller vivre avec son père ? Pourquoi ? Si vous étiez le juge Rivers, comment auriez-vous tranché dans chacun des deux cas ? Pourquoi ? Comment vous sentiriez-vous si vous étiez à la place d'Ingrid. Le juge Rivers devrait-il avoir le pouvoir d'exiger de Mme Pham qu'elle renie son identité lesbienne pour pouvoir voir sa fille ? Pensez-vous que le juge abusa de son pouvoir ?

Ces deux causes vous inspirent sans doute des réactions très vives. Il est important de comprendre que les parents gais doivent souvent faire face à des procès pour avoir la garde des enfants, des procès qui sont inspirés par les peurs, la colère et les valeurs homophobes de leur ex-conjoint. Il importe éga-lement de se rendre compte que le destin d'un enfant dépend des préjugés et des opinions personnelles du juge qui siège ce jour-là. Personne ne sembla s'offus-quer des problèmes d'alcool de M. Pham ni de ses accès de violence. Personne n'essaya de savoir si Mme Pham était une mère aimante et attentionnée. Personne ne s'inquiéta du fait que M. Pham n'avait payé aucune pension alimentaire et qu'avant que sa mère et elle n'aillent s'installer chez Ingrid, elles vivaient toutes les deux dans une seule chambre. La responsable de la garderie, le curé de la paroisse et le psychologue nommé par la cour ne déclarèrent-ils pas tous que Thuy réussissait très bien à la garderie et que c'était une enfant charmante, tout à fait bien dans sa peau ? Personne ne sursauta en entendant, au cours de l'audience de divorce, M. Pham déclarer qu'il n'avait jamais voulu avoir d'enfants ? Pourquoi le juge Rivers ne posa-t-il aucune de ces questions à Thuy ? Entendit-il sa description des crises de vio-lence de son père et de ses peurs quand ce dernier était à la maison ? La seule question retenue par la cour fut de savoir si Mme Pham, parce qu'elle était lesbienne, pouvait être une mère convenable. Peu de parents étalent leur sexualité devant leurs enfants. Pourquoi donc le juge Rivers pensait-t-il que Mme Pham pouvait exhiber sans vergogne sa sexualité devant Thuy et que M. Pham ne le ferait pas ?

LA FRANCHISE EST LA MEILLEURE DES POLITIQUES

Il est très difficile pour un parent de révéler à ses enfants qu'il est gai et les réactions de ceux-ci à cette nouvelle incroyable varient énormément d'un enfant à l'autre. Vous pourrez avoir l'impression que votre univers entier vient de s'écrouler : la relation que vous aviez avec votre parent gai et le genre de parent qu'il pouvait être jusqu'alors ont maintenant disparu à jamais. La nouvelle relation plus honnête qui vous unit désormais pourra être soit meilleure ou pire, selon ce que vous déciderez.

Quand on prend le temps d'observer comment des enfants d'âges divers se débrouillent avec des parents gais, il devient évident que tout éventuel préjugé, s'il se manifeste, est généralement l'effet de la société. Sinon, pourquoi un enfant de six ans serait-il capable d'accueillir à bras ouverts le mode de vie de son parent, alors qu'un enfant de douze ans y voit, quant à lui, une grande menace ? L'enfant plus jeune réagit à la qualité de la relation qu'il a avec son parent ; si celle-ci est positive, l'enfant n'aura pas de problèmes à accepter la façon de vivre de son parent. Marc est un parfait d'exemple de fière acceptation.

Marc

Marc a six ans et vit avec son père, Jean, et l'ami de celui-ci, Stéphane. Il vit avec eux depuis trois ans. Il voit souvent sa mère et, à l'occasion, ils vont tous ensemble au restaurant ou voir un match de football. Marc se souvient que l'an dernier, son père lui a parlé des divers types de familles qui existent dans la société. Peu importait à Marc les noms qu'on donnait à toutes ces familles différentes. Mais à l'époque, cela semblait important à son père qu'il comprenne bien toutes ces nuances, c'est pourquoi il écouta attentivement. Après tout, dans une famille qui s'aime et se tient, le nom ne devrait pas avoir d'importance. Il n'y avait pas de doute dans son esprit qu'il vivait justement dans une telle famille.

Le meilleur ami de Marc, Frédéric, avait une famille qu'on appelait d'un de ces autres noms. Marc se souvenait justement que son père avait cité la famille de Frédéric en exemple, mais il ne se souvenait pas du nom qu'il lui avait donné. Marc aimait vraiment beaucoup Frédéric, mais il détestait coucher chez lui parce que son père et sa mère n'arrêtaient pas de se disputer. Frédéric restait dans sa chambre, la porte fermée, pour ne pas entendre leurs cris.

Au contraire, quand Frédéric venait coucher chez Marc ou l'accompagnait chez sa mère, ils passaient une journée fantastique. Fréquemment, Jean et Stéphane emmenaient les deux enfants faire de longues promenades à bicyclette et souvent aussi la mère de Marc les emmenait au lac nourrir les canards et jouer. Marc aurait souhaité que Frédéric puisse venir vivre avec lui et devienne son frère. Cela ne le dérangeait pas d'être fils unique, mais il avait assurément beaucoup de plaisir à jouer avec Frédéric.

Marc aimait particulièrement être avec sa famille pour les rencontres scolaires. Quand les autres enfants lui demandaient pourquoi il avait trois parents, il se contentait de répondre que c'était parce qu'il était sans doute quelqu'un de très spécial qu'autant de parents voulaient se le partager. De toute façon, aucun de ses camarades de classe ne trouvait si étonnant que quelqu'un ait un, deux, trois ou même quatre parents.

La plus récente rencontre des parents avait été, de l'avis de Marc, l'événement le plus marquant de toute l'année scolaire. La plupart des parents présents s'étaient contentés de rester là à discuter, mais sa mère, son père et Stéphane s'étaient tous les trois portés volontaires pour aider à faire tourner les choses. Il était terriblement fier d'eux. Mais il était aussi très triste pour Frédéric : aucun de ses parents n'était venu et il avait l'air si triste et si seul. Marc avait invité Frédéric à venir pique-niquer avec sa famille. Et lorsque Frédéric reçut sa médaille, c'est Stéphane qui le prit par la main pour le conduire vers l'estrade. Cela rendait Marc très fier d'avoir des parents qui s'occupaient si bien de son ami ; cela lui donnait un sentiment de sécurité extraordinaire.

De laquelle de ces deux familles préféreriez-vous faire partie ? Remarquez que pour Marc, les mots « homosexuel » et « hétérosexuel » n'étaient même pas assez importants pour qu'il prenne la peine de s'en souvenir. Ce qui était important pour lui, en revanche, c'est ce qu'il éprouvait quand il était avec chacun des deux types de familles qu'il connaissait. Lequel de ces deux enfants a le plus de chances de grandir avec le sentiment qu'il est une personne importante ? Dans laquelle de ces deux familles voudriez-vous vivre ? Pourquoi ? Lorsque notre société prive un enfant de ce genre de reconnaissance, il faut absolument remettre en cause ses raisons. Qui est le meilleur juge ici, l'enfant ou la société ?

L'ENFANT ET L'ADO

Du point de vue de leur développement, les enfants les plus jeunes ont moins de difficulté à accepter le style de vie d'un parent gai que les enfants plus âgés.

Ils prennent tous les petits détails de leur vie de famille avec le plus grand naturel et sans la moindre idée préconçue. Souvenez-vous de la façon dont vous auriez décrit votre famille à quatre, six, huit ou dix ans. Et à l'adolescence ?

Il n'y a probablement aucune période de la vie au cours de laquelle les changements physiques et psychologiques sont aussi rapides et profonds qu'à l'adolescence. Entre douze et vingt ans, on essaie à la fois de s'adapter à une image du corps entièrement nouvelle et d'établir de nouvelles formes de relations avec les autres. Le début de l'adolescence représente le moment de la vie où la conformité aux autres revêt le plus d'importance et où l'opinion de ses pairs compte plus que celle de ses parents. Voyez ce qui est arrivé à J.D. et à Tommy quand leurs amis ont accusé leur mère d'être une lesbienne.

J.D. et Tommy

Les tracas et les trépidations de la vie urbaine se révélèrent finalement trop durs à supporter pour Sandi. Elle voulait élever ses fils J.D. et Tommy, âgés de douze et de quatorze ans, dans un endroit où la pollution et les préjugés seraient moindres, où les voisins se montreraient amicaux et où les chevaux gambaderaient en liberté. Les garçons étaient tout excités à l'idée d'aller vivre dans un ranch à Jackson Hole, au Wyoming. Pendant des années, Sandi avait rêvé d'acheter des chevaux, de les dresser et de les vendre comme son grand-père le lui avait décrit il y avait bien des années. Les deux garçons savaient déjà monter à cheval et l'idée du ranch enthousiasmait toute la famille. Mais pouvaient-ils se permettre de changer ainsi de vie en ce moment ?

Être une mère célibataire n'avait jamais dérangé Sandi, mais il commençait à être difficile pour elle d'élever deux adolescents. Les garçons savaient que leur père était un donneur de sperme anonyme, mais que leur mère les avait vraiment désirés tous les deux. J.D. et Tommy admiraient les nombreux et divers talents de leur mère, ainsi que sa détermination à les élever dans un monde qui lui donnait très peu d'aide. Ils savaient depuis l'enfance que leur mère était lesbienne, mais comme ils n'avaient jamais rencontré la moindre discrimination, ils n'attachaient pas à cela une importance démesurée. Ils ne savaient pas encore ce qui les attendait au Wyoming.

En tant que technicienne en informatique et conceptrice de logiciels, Sandi pouvait s'installer n'importe où au pays sans perdre son emploi. J.D. et Tommy avaient toujours les derniers modèles d'ordinateur et les dernières versions de tous les logiciels. Leur mère leur faisait régulièrement tester de nouveaux programmes et de nouveaux jeux. Ils étaient beaucoup plus habiles sur un ordinateur que la plupart des adultes, mais ils ne cherchaient jamais à rendre leurs amis inférieurs ou stupides en étalant leur talent. Sandi leur avait bien appris à se faire des amis et à les garder. À la fin de l'année scolaire, Sandi et les enfants firent leurs bagages, pleins d'enthousiasme à l'idée de partir dans l'Ouest.

Le ranch que Sandi avait acheté était situé à vingt-quatre kilomètres de Jackson Hole et avait vingt-cinq acres ; c'était petit par rapport aux ranchs environnants, mais cela leur paraissait immense. La maison, l'écurie et le corral étaient tous en bon état et l'ancien propriétaire avait même fait un petit jardin. J.D. venait d'avoir treize ans et quand l'école commencerait, Tommy aurait quinze ans et pourrait obtenir son permis de conduire.

Il leur fallut tout l'été pour s'installer, trouver l'épicerie et la pharmacie, et rencontrer peu à peu les voisins. Tout le monde semblait amical et leur donnait beaucoup de conseils sur la façon de se préparer pour l'hiver. Il était difficile de prévoir si tôt, mais Sandi savait bien, quand elle regardait les montagnes tous les matins, que les gens avaient raison de les inciter à le faire. J.D. et Tommy étaient ravis de se faire de nouveaux amis. Tommy commençait à s'intéresser aux filles tandis que J.D. était absolument passionné par le nouveau jeu électronique que sa mère était en train de mettre au point.

Russell, l'homme qui possédait le plus grand ranch de la région et qui faisait aussi l'élevage des chevaux, avait pris Sandi sous son aile et l'avait aidée à acheter quinze chevaux. Bientôt, J.D. et Tommy commencèrent à se disputer pour savoir quel cheval reviendrait à chacun d'eux. Un jour, Sandi les a même surpris en train de se battre dans la grange.

Chaque matin, tous les trois devaient se lever à cinq heures trente pour accomplir les tâches du ranch avant d'aller à l'école. Sandi les conduisait à l'école puis revenait travailler à la maison. Il ne lui fallut pas longtemps cependant pour s'apercevoir qu'elle aurait besoin d'aide au ranch. Mais à qui pouvait-elle faire confiance ? Et, par ailleurs, voulait-elle vraiment voir un homme s'installer au ranch ? Tommy était maintenant assez vieux pour se considérer comme l'homme de la maison et J.D. avait déjà assez de mal à accepter de recevoir des ordres de son frère aîné. C'est pourquoi Sandi ne savait trop que faire.

Les garçons se faisaient généralement reconduire à la maison par Reggie et Dallas. Ils s'installaient tous les quatre dans le bureau, là où se trouvaient tous les ordinateurs, et passaient une heure ou deux à se lancer des défis informatiques. Un après-midi, Dallas prit une photo dans la bibliothèque et demanda à Tommy qui était sur la photo avec sa mère. Après avoir réfléchi un instant, Tommy répondit que c'était sa tante Mélanie. Puis Reggie vit une autre photo et demanda qui était sur celle-là. Cette fois, c'est J.D. qui répondit que c'était une autre de leurs tantes nommée Shirley. Mais soudain, Dallas prit un livre et

Tommy et J.D. se figèrent. Dallas tendit le livre à Reggie qui lut le titre à haute voix : *Les joies du sexe lesbien*. Leur « secret » venait d'être découvert et J.D. et Tommy ne savaient trop à quoi s'attendre.

Le lendemain, tout était calme à l'école, mais J.D. et Tommy mangèrent seuls à la cafétéria. On aurait dit que tout le monde parlait d'eux, mais que personne ne voulait leur parler. Heureusement, Tommy était maintenant capable de les ramener en voiture à la maison et ils n'avaient plus besoin de se faire reconduire par Dallas et Reggie. Pendant les trois mois qui suivirent, la vie des deux garçons fut misérable, mais les choses commencèrent à s'améliorer au moment des vacances. C'est-à-dire jusqu'à ce qu'Angel vienne vivre avec eux.

Sandi avait fait passer des entrevues pour trouver quelqu'un qui puisse l'aider au ranch et elle avait choisi une personne capable de dresser les chevaux en douceur, mais rapidement. Russell lui avait chaudement recommandé Angel et cela suffisait à Sandi. Les garçons furent très étonnés, en rentrant de l'école ce jour-là, de voir Angel s'installer dans la petite chambre du fond. Ils savaient bien qu'il valait mieux ne pas contester les décisions de leur mère.

J.D. et Tommy appréciaient le fait d'avoir enfin de l'aide pour s'occuper des chevaux le matin et le soir. Ils regardaient avec admiration Angel apprendre fermement mais doucement à un cheval à accepter un mors, une bride, une selle et, finalement, un cavalier. Et les histoires qu'Angel racontait au souper étaient à la fois drôles et captivantes. Les garçons prenaient plaisir à la côtoyer et ils voyaient revenir dans les yeux de leur mère une petite étincelle qui était disparue depuis longtemps. La vie devenait plus agréable dans les grandes plaines de l'Ouest !

Un week-end, la voiture de Sandi tomba en panne. Les garçons ne se sont pas fait prier pour monter dans la camionnette d'Angel. Elle les déposa à l'école en allant faire des courses en ville. À quatre ou cinq kilomètres de l'école, Angel s'aperçut que les garçons avaient oublié leur collation dans la camion-nette. Faisant demi-tour, elle retourna à l'école. Les classes étaient déjà commencées quand elle arriva ; elle laissa les collations au bureau de l'administra-tion. Quand elle traversa le hall, les élèves la suivi-rent longuement des yeux. Elle repéra Tommy près de son casier et alla lui dire où elle avait déposé les collations. Quand Angel fut partie, plusieurs de ses camarades demandèrent à Tommy qui était ce type. Il se contenta de répondre que c'était une connais-sance de sa mère. Tout au long de la journée, les enfants se demandèrent si Angel était un homme ou une femme. J.D. et Tommy ne prirent jamais leur col-lation.

Peu de temps après, ils commencèrent à recevoir des coups de téléphone en pleine nuit. Puis les mots « gouine » et « lesbienne » firent leur apparition, peints sur un des murs de la grange. Et un matin, en se réveillant, ils découvrirent que le corral avait été ouvert et que tous les chevaux étaient partis. Quelles autres épreuves devraient-ils encore subir à cause de leur différence ?

Comment vous sentiriez-vous si vous aviez pour père un donneur de sperme anonyme ? Pourquoi pensez-vous que Sandi avait choisi d'avoir deux enfants plutôt qu'un seul ? D.J. et Tommy vous sem-blent-ils des enfants bien adaptés et normaux ? Pour-quoi Sandi croyait-elle qu'il y aurait moins de pollution et de préjugés au Wyoming ? Si vous aviez été à la place de Tommy, vous seriez-vous considéré comme l'homme de la famille ? Et si oui, comment auriez-vous réagi si Sandi avait engagé un homme plutôt qu'une femme pour dresser les chevaux ?

Il est difficile pour n'importe quel enfant de déménager dans une nouvelle maison et de se faire de nouveaux amis. Aurait-il été juste que J.D. et Tommy demandent à leur mère de ne pas laisser bien en vue dans la maison des photos et des livres sus-ceptibles de les mettre dans l'embarras ? Comment Sandi aurait-elle pu vivre son identité lesbienne à la maison avec ses fils tout en respectant leur droit à une certaine intimité quand ils avaient des amis à la maison ? Comment J.D. et Tommy auraient-ils dû se comporter avec Angel, l'amie de leur mère ? Auraient-ils dû dire la vérité à leurs amis ou s'agis-sait-il d'un secret qu'il valait mieux garder pour soi ?

La grande majorité des recherches indiquent que c'est à l'adolescence qu'il est le plus traumatisant de découvrir qu'on a un parent gai. Mais il peut y avoir une crise même quand on fait cette découverte à l'âge adulte. On peut en effet se demander si ce parent savait depuis longtemps qu'il était gai et qu'il ne voulait pas le dire ou s'il venait seulement de se l'admettre. Un million de questions vous assaillent alors et le choc que la nouvelle vous inflige empêche toute pensée rationnelle. Voici l'expérience de Julien et de Michel.

Julien

Julien était à l'université depuis trois ans et les choses lui avaient toujours paru normales quand il revenait passer les vacances à la maison. Mais cet été-là, l'atmosphère était faite de silence, de stress et de distance. Ses parents, Marie et Simon, étaient rarement à la maison en même temps, mais quand c'était le cas, la tension était presque insupportable. Ils ne communiquaient pas beaucoup entre eux et guère plus avec lui. Y était-il pour quelque chose? Les dérangeait-il quand il revenait à la maison? Il avait surtout horreur du silence qui régnait dans la maison. Il aurait voulu les entendre se disputer, car il aurait pu ainsi avoir une petite idée du problème.

Julien sortait avec Barbara depuis environ quatre ans et ils avaient prévu se marier dès la fin de ses études. Il lui parlait souvent des inquiétudes que lui causait sa famille. Il aimait toujours être avec l'un ou l'autre de ses parents, mais il était malheureux quand ils étaient tous ensemble. Quelque chose manquait. C'était comme si des pièces du puzzle familial manquaient ou avaient été déplacées.

Puis, un week-end que son père était à l'extérieur de la ville, sa mère lui dit qu'elle voulait lui parler. Elle semblait très nerveuse, ce qui ne lui ressemblait guère. La plupart des gens, en effet, auraient dit de Marie qu'elle était « solide comme le roc ». Elle était le cœur et l'âme de la famille, celle sur qui tout le monde pouvait compter. Julien sentit son ventre se nouer. Il se demandait ce qui pouvait bien se passer.

Marie commença par dire que ce qu'elle lui révélerait serait probablement pour lui une surprise totale et lui ferait sans doute mal. Mais elle l'assura que son seul but était d'être franche avec lui. Elle dit qu'elle puisait le courage dont elle avait besoin pour cette conversation dans son amour et son respect pour lui en tant que fils et maintenant en tant qu'homme. Tout ce qu'elle demandait en retour, c'est qu'il soit honnête avec lui-même. Marie ajouta qu'elle avait choisi de dire tout cela à chacun de ses enfants séparément, de façon à ce que les réactions de chacun ne soient pas influencées par celles des autres. À cet instant, Julien était convaincu que sa mère lui révélerait qu'elle souffrait d'une maladie incurable. Mais au lieu de cela, elle dit simplement : « Julien, je suis une lesbienne ».

Parler de choc ne suffirait pas à décrire la réaction de Julien. Pas **ma** mère, pensa-t-il. Et pendant un instant, il souhaita qu'elle lui ait plutôt dit qu'elle avait une maladie incurable ; il aurait pu comprendre cela plus facilement. Julien avait la tête qui tournait tandis que sa mère continuait à parler.

Marie lui dit qu'elle avait lutté contre ses sentiments depuis l'adolescence, mais qu'elle venait finalement d'atteindre le point où il lui fallait reconnaître son identité lesbienne. Elle l'avait avoué à Simon en mai et il avait manifestement beaucoup de difficulté à l'accepter. Julien lui demanda s'ils allaient se séparer, divorcer. Elle fit signe que oui de la tête et les larmes lui montèrent aux yeux. Simon lui avait dit de ramasser ses affaires et de partir.

Quand ils se relevèrent, Marie le serra dans ses bras et dit : « Je t'aime beaucoup ; tu feras toujours partie de ma vie, où que je sois. » Ils décidèrent de s'en reparler, plus tard dans la semaine, quand Julien aurait eu le temps d'y voir plus clair dans ses sentiments.

Julien quitta la maison et se rendit à la plage avec sa voiture. Il avait besoin d'être seul un certain temps pour réfléchir. Devrait-il le dire à ses amis ? Et si oui, de quelle manière ? Comment son frère et sa sœur réagiraient-ils ? À ce stade, il éprouvait un sentiment de colère de voir que la famille qu'il connaissait depuis vingt et un ans allait maintenant se séparer. Mais en même temps, il avait de la peine pour sa mère ; elle semblait si seule quand elle lui avait annoncé la nouvelle. Il se sentait très mal à l'aise, incapable d'accepter que sa propre mère soit lesbienne.

Mais étrangement, il ressentait aussi énormément de respect pour cette femme formidable qui lui avait tant donné d'elle-même. Comment pouvait-elle tant l'aimer et risquer ainsi de le perdre ? Était-elle le moins du monde différente aujourd'hui de ce qu'elle était hier, quand elle n'était pas encore une lesbienne à ses yeux ?

Julien pensa aux discussions qu'il avait avec Barbara à propos des enfants. Quand il serait père, parviendrait-il à démontrer autant de courage et d'amour pour ses enfants s'il devait leur révéler quelque chose à son sujet ? Il avait peine à imaginer un dévouement aussi profond à ses enfants. Toutes sortes de pensées folles et de sentiments se pressèrent dans sa tête quand il prit conscience de tout l'amour dont sa mère venait de faire preuve. Il leva les yeux vers les étoiles et murmura : « Merci maman, je t'aime moi aussi. »

Michel

Toute sa vie Michel avait voulu être un musicien professionnel comme son père, Ian. Peu de gens jouaient aussi bien du piano que son père. Ian avait l'oreille absolue et jouait tout sans problèmes. Il suffisait que quelqu'un fredonne quelques mesures d'une chanson pour qu'il soit capable de l'accompagner. Michel adorait aller dans les clubs avec son père et les autres membres de son orchestre. Malheureusement, ses camarades de classe pensaient que son père « en était ». Au début, il ne savait pas ce qu'ils voulaient dire par là. Mais bientôt, il devrait se battre pour empêcher ses camarades de crier « tante » ou « tapette » à propos de son père. La mère de Michel avait peur qu'il se fasse faire mal, mais celui-ci ne laisserait personne traiter son père de gai impunément.

À quatorze ans, Michel convainquit ses parents de lui offrir une guitare pour Noël. Dès qu'il avait une minute, il travaillait sa guitare. Il imitait ce qu'il entendait à la radio ou sur disque. Le guitariste de l'orchestre de son père lui apprit à faire des accords et à marquer le rythme avec sa guitare. Ian, lui, adorait passer du temps avec son fils, mais il savait aussi qu'il devait le pousser à faire des études supérieures au conservatoire parce qu'il le trouvait très doué.

Contrairement à ses deux frères, Michel préférait la musique au sport. Il était plutôt fluet et portait les cheveux longs. Même ses frères le traitaient de

« tata », mais seulement pour rire. Michel essayait de ne pas s'en faire, mais cela le dérangeait tout de même. Mais le pire, c'était encore de convaincre les filles de sortir avec lui. Michel se sentait tout à fait à l'aise avec son identité sexuelle et considérait que ses cheveux longs n'étaient qu'une façon d'affirmer sa personnalité et n'avait rien à voir avec son orientation sexuelle. Son père n'avait-il pas les cheveux courts, ce qui ne l'empêchait pas de se faire traiter de tante ?

Les années passèrent et Michel fit des études de musique au conservatoire. Son récital de fin d'études eut lieu dans le magnifique auditorium qu'il avait tant admiré quand il était entré au conservatoire. Cet après-midi-là, toute sa famille était dans la salle, et en particulier son père, pour l'entendre jouer.

Son diplôme du conservatoire et la formation qu'il avait reçue en faisant des tournées avec l'orchestre de son père permirent à Michel de décider de ce qu'il voulait faire comme musicien. Il voulait faire partie de l'industrie du divertissement et il souhaitait passer des auditions avec quelques-uns des petits ensembles qui assurent l'accompagnement musical des émissions de télévision. Après des mois d'auditions, il se fit offrir un contrat à durée déterminée dans l'orchestre d'une station de télévision, ce qui allait l'amener à quitter la maison à la fin de la semaine. Sa famille était très fière de lui et son père lui demanda de jouer avec son orchestre le samedi avant son départ. Michel était à la fois ému et honoré de cette demande. Même ses frères commencèrent à se vanter de leur « petit frère ».

Ce samedi-là, l'orchestre joua devant une salle comble qui lui demanda deux rappels. Il y eut beaucoup de tapes dans le dos et de félicitations mutuelles, et l'humeur fut des plus joviales. Les amis de Michel commencèrent à faire des plaisanteries sur les gens qu'on rencontrait dans le monde du spectacle ; ils n'arrêtaient pas de lui dire de faire attention. Michel était vraiment fatigué de leurs recommandations à propos du sida, mais il gardait le sourire et laissait passer toutes les remarques déplacées.

Après avoir rangé ses instruments, Michel se retrouva seul avec son père pour la première fois depuis des années. Ils parlèrent du bon vieux temps et de l'aventure dans laquelle il était sur le point de se lancer, lorsque soudain Ian se tut. Après un moment d'hésitation, il dit : « Tu sais, fiston, toutes ces années où tes amis me traitaient de gai ? Eh bien, j'ai toujours été gai. Ta mère le savait, mais elle m'avait fait promettre de ne pas le dire. Maintenant que tu es un homme, je me suis dit que tu devrais le savoir. »

Michel se leva brusquement, renversant sa chaise : « Quoi !, cria-t-il, espèce de fils de pute ! Et dire que pendant toutes ces années, je t'ai défendu. Je me suis fait casser la gueule plus de fois que je peux m'en souvenir. Tu m'as menti et je parie que tu as menti à maman pour que personne ne sache vraiment que tu étais une tante. Je ne veux plus jamais te revoir. » Après cette tirade, Michel fit tomber Ian de sa chaise et sortit en courant du club, les larmes ruisselant sur son visage.

À laquelle de ces deux réactions vous identifiez-vous le plus, celle de Julien ou celle de Michel ? Chacun des deux était adulte quand il découvrit qu'un de ses parents était gai. Croyez-vous qu'ils furent aussi surpris l'un que l'autre. Croyez-vous que Michel s'interrogea longtemps sur l'identité sexuelle de son père pour finir par la nier purement et simplement ? Les années passées à défendre son père suffisent-elles à justifier la réaction de Michel ? Pourquoi le père de Julien dit-il à sa mère de faire ses bagages et de s'en aller, alors que la mère de Michel continua de vivre avec Ian ? Si vous étiez marié, que vous aviez des enfants et que votre conjoint(e) vous avouait son homosexualité, comment réagiriez-vous ? Croyez-vous qu'avec le temps, Michel finira par accepter de revoir son père ou si cette nouvelle mit fin pour toujours à leur relation ? Et vous, mettriez-vous fin pour toujours à votre relation avec un parent gai ? Pourquoi ?

LA FRANCHISE EN VAUT-ELLE LE RISQUE ?

Les parents ne peuvent jamais savoir quelle sera votre réaction à la révélation de leur identité gaie ou lesbienne. Certains enfants réagissent très positivement, font preuve de compréhension et sont même reconnaissants à leurs parents de la franchise qu'ils leur ont témoignée. Les parents se sentent souvent soulagés quand leurs enfants savent enfin qui ils sont vraiment. Mais beaucoup d'enfants sont bouleversés et assommés par la nouvelle. Ils peuvent éprouver du ressentiment, de la colère et même de la haine pour leurs parents. Et vous, comment réagiriez-vous à l'annonce que votre père est gai ou que votre mère est lesbienne ?

À la différence de ce qui se passe quand vous dites à un ami que vos parents divorcent ou que l'un d'eux est mort, vous n'aurez probablement guère de soutien d'un ami auquel vous révélez qu'un de vos parents est gai. Vous aurez peut-être besoin de vous trouver un groupe de soutien pour pouvoir exprimer vos sentiments. Une thérapie avec un psychologue peut aussi aider de nombreux enfants à surmonter les problèmes liés au fait d'avoir un parent gai.

Avant d'aborder le prochain chapitre, il y a deux questions auxquelles vous devez absolument répondre. Cela valait-il la peine pour votre parent gai de courir le risque d'être franc avec vous ? L'aimez-vous toujours autant qu'il ou qu'elle vous aime ?

CHAPITRE 5

Vivre une situation sans issue

Une situation sans issue peut être décrite comme une situation pour laquelle il n'existe pas de solution évidente et de laquelle personne ne sort vraiment gagnant. Quand des vies sont très liées, il suffit qu'une partie commence à bouger pour qu'un effet domino s'ensuive. Toute la structure de la famille commence à changer de forme. Le fait qu'il puisse y avoir de bonnes raisons pour faire ce changement ne réduit guère le malaise des personnes en cause. Il suffit qu'un seul membre de la famille trouve que les raisons du changement ne sont pas valables pour que ce changement suscite une grande résistance et que la réaction soit très négative. La personne qui en pâtit le plus dans la famille varie d'un cas à l'autre. Commençons par observer un cas où l'enfant est pris dans une situation sans issue.

Isabelle

Pour autant qu'elle pouvait en juger, Isabelle était le produit d'une famille blanche hétérosexuelle de classe moyenne. Elle savait que certains enfants grandissaient dans des familles homosexuelles, parce qu'on en avait parlé dans un de ses cours au début du secondaire. Mais elle n'avait jamais fait le rapprochement entre ce qu'on décrivait là et l'un ou l'autre de ses parents. Elle avait remarqué que ces derniers temps, son père ne ressemblait plus guère à l'individu énergique et jovial qu'il était d'habitude, mais elle attribuait cela à la pression que lui occasionnait son travail.

L'été précédant sa dernière année de secondaire, son père, Philippe, quitta la maison. Elle s'en souvient comme si c'était hier. La veille de son départ, il avait appelé du travail pour dire à Isabelle qu'il voulait lui parler en privé quand il rentrerait. Elle se demandait ce qu'il pouvait bien avoir à lui dire. Avait-il obtenu une promotion ? Allait-il changer d'emploi ? Était-il malade ? Elle souhaitait de tout son cœur qu'il n'y ait rien de grave.

Au cours de l'après-midi, tandis qu'Isabelle faisait la lessive, elle entendit quelqu'un arriver. À sa grande surprise, sa mère apparut et lui dit qu'elle voulait lui parler. Isabelle sut immédiatement que quelque chose n'allait pas. Qu'arrivait-il donc à cette famille ? Pourquoi ne se parlaient-ils pas plutôt tous ensemble ?

Isabelle et sa mère s'assirent à la table de la cuisine. Il était évident que sa mère était furieuse et très perturbée. Sans la moindre préparation, elle lâcha : « Ton père est gai ; il nous quitte demain. » Isabelle était stupéfaite. Elle ne savait pas si elle devait se préoccuper davantage de la colère de sa mère ou de la nouvelle concernant son père. Sa mère disait-elle la vérité ? Son père lui dirait-il qu'il était gai ou seulement qu'il quittait la maison ?

La mère d'Isabelle n'arrêtait pas de parler, de dire quel pervers était son père et de stigmatiser le grave péché que représentait son mode de vie. Isabelle ne savait pas si elle devait se dire d'accord avec sa mère pour essayer de la consoler un peu ou si elle pouvait affirmer son désaccord. Elle ne voulait pas juger son père avant de lui avoir parlé. Elle avait du mal maintenant à s'imaginer en face de lui. Elle ne savait pas trop, à ce stade, quelles étaient les intentions de sa mère. Voulait-elle seulement l'informer que son père était gai ou essayait-elle de la dresser contre lui ? En tout cas, Isabelle fut soulagée quand sa mère quitta la maison en disant qu'elle allait parler à son amie

Marilyn. Isabelle avait besoin d'être seule pendant quelque temps pour pouvoir digérer la nouvelle et essayer d'y voir clair dans ses sentiments.

Il lui sembla qu'à peine quelques minutes s'étaient écoulées quand son père arriva. Étrangement, il avait l'air plus détendu et moins anxieux que sa mère. Comment cela se pouvait-il ? Ne se rendait-il pas compte de l'impact qu'avait eu la révélation ? Ou bien était-il tout simplement soulagé d'avoir enfin pu dire ce qu'il était vraiment ?

Ils s'assirent eux aussi à la table de la cuisine et Philippe prit les mains d'Isabelle dans les siennes, inspira profondément et avoua calmement son identité gaie à Isabelle. Il lui dit qu'il était fier d'être son père et qu'il l'aimait plus que tout. Sa voix se brisa et ses yeux s'emplirent de larmes, mais il ne perdit pas la maîtrise de ses émotions. Sa plus grande inquiétude était le mal que cette révélation pouvait faire à Isabelle. La peine qu'il y avait dans ses yeux et son langage corporel montraient bien à Isabelle qu'il était sincère. Philippe lui dit qu'il s'installerait en appartement dès le lendemain et qu'il voulait avoir de ses nouvelles dès qu'elle serait prête à lui en donner.

Dans les semaines qui suivirent, Isabelle paya très cher les visites qu'elle rendit à son père. Elle s'inquiétait de le voir vivre seul et se préoccupait de sa solitude, mais elle avait aussi des centaines de questions auxquelles elle voulait qu'il réponde. Après chaque visite à son père, elle devait essuyer la colère de sa mère. Isabelle était vraiment prise dans une situation sans issue. Elle n'était pas d'accord avec la réaction de sa mère et commençait à se sentir de plus en plus loin d'elle quand celle-ci déversait sa colère en accusations vengeresses. Isabelle aimait énormément ses deux parents et elle ne voulait pas être obligée de prendre parti pour l'un ou pour l'autre.

Comment réagiriez-vous si vous étiez la personne prise ainsi entre deux feux ? Seriez-vous capable de ne pas plier devant votre mère tout en gardant le respect que vous lui devez ? Pourquoi Isabelle approuve-t-elle le geste de son père ? Est-ce le genre de situation qui pourrait vous inciter à quitter la maison ? Comment Isabelle parviendra-t-elle à préserver son intégrité tout en gardant sa relation avec chacun de ses parents sans risquer d'en perdre un ? Comprenez-vous pourquoi je dis qu'Isabelle est dans une situation sans issue ?

ALLEZ, ON VA CHEZ GRAND-MÈRE...

Si elles arrivent dans les mauvaises circonstances, toutes les réjouissances de Noël peuvent transformer les vacances en véritable calvaire. Traditionnellement, la période des fêtes fait remonter à la surface des émotions qui restent curieusement refoulées le reste de l'année. Les statistiques indiquent que c'est la période de l'année où il y a le plus de suicides. Il n'est donc guère étonnant que cette période de réunions de famille exerce une pression considérable sur la personne qui ne « cadre » plus dans l'unité familiale. Ce genre de piège nous permettra d'examiner maintenant un autre exemple de situation sans issue.

Les vacances de Noël forcent habituellement les gens à prendre des décisions concernant les cadeaux, l'emploi du temps et les gens à visiter. Que pourrais-je offrir de spécial à cette personne ? Quand verrons-nous les membres de la famille qui habitent ailleurs ? Si j'ai du mal à me trouver du temps libre dans mon emploi du temps, comment choisir qui aller voir sans blesser personne ? Comment diable pourrait-on se détendre et jouir de ses vacances avec de pareils dilemmes à régler ? Les problèmes que posent les vacances sont particulièrement évidents dans le cas de Mélanie.

Mélanie

Pour Mélanie, les vacances de Noël étaient la période la plus importante de l'année. Décorer l'arbre, mettre des lumières sur la maison et faire des biscuits représentaient pour elle des activités traditionnelles qu'elle attendait impatiemment toute l'année. Toute sa famille d'ailleurs avait l'esprit des fêtes. Même David, son frère aîné, et Suzanne, l'aînée de la famille, adoraient passer la veille de Noël à placer des décorations sur l'arbre tout en écoutant des airs de Noël. Dans la maison régnait un sentiment de paix, de joie et de fraternité.

La saison des fêtes avait toujours été une période de paix et d'amour jusqu'à ce que les parents de Mélanie divorcent. La séparation s'était faite plus en douceur que Mélanie ne l'aurait cru et pendant des mois, cela rendit la vie plus facile à tout le monde. David et Suzanne avaient déjà leur propre famille et vivaient à la montagne. Et les parents de Mélanie lui avaient expliqué qu'elle n'était aucunement responsable de leur séparation. Ils n'étaient tout simplement plus compatibles en tant que mari et femme.

Cela manquait à Mélanie de ne pas voir ses deux parents tous les jours, mais elle était ravie de voir que tous les deux s'entendaient très bien avec les autres. Il y avait dans les yeux de sa mère une nouvelle étincelle, en particulier quand elle était avec son amie Hélène. De bien des façons, sa mère avait maintenant l'air d'être plus sûre d'elle et Hélène lui permettait manifestement d'exprimer quelques-unes de ses plus belles qualités. Grâce à la douce insistance d'Hélène, elle s'était inscrite à des cours d'informatique pour adultes. Comme Hélène était une pianiste accomplie, elle donnait à la mère de Mélanie des leçons de piano en échange de la permission de faire sa lessive chez elle deux fois par semaine. Mélanie appréciait le système de troc que les deux femmes avaient ainsi instauré entre elles. Si seulement son père pouvait, lui aussi, trouver quelqu'un qui mette à nouveau de la joie dans sa vie.

À mesure que Noël approchait, il devenait évident pour Mélanie que ses parents n'avaient pas l'intention de se réunir autour du repas de Noël familial. Cela la forçait à prendre une décision douloureuse : avec qui passerait-elle le réveillon ? Ces fêtes signifiaient-elles plus pour l'un de ses parents que pour l'autre ? Pourquoi ne pouvaient-ils pas être tous ensemble un jour pareil ? Ne voyaient-ils pas la peine et l'angoisse qu'ils lui causaient ? Pourquoi fallait-il que cela lui arrive maintenant, alors que David et Suzanne n'étaient plus là ? Mélanie en voulait à ses deux parents de la mettre dans cette situation et de la priver ainsi des joies de Noël. Elle se demandait si désormais, elle n'associerait pas toute sa vie Noël à la peine qu'elle avait et au divorce de ses parents.

Au milieu de toutes ces inquiétudes, Mélanie comprit soudain qu'il y avait une seule personne au monde avec qui elle pouvait passer Noël dans le même esprit qu'autrefois : sa grand-mère. De cette façon, elle n'aurait pas à choisir ; ce sont ses parents qui choisiraient ; ce sont eux qui devraient décider si oui ou non ils passeraient Noël avec sa grand-mère et elle. Et, ce qui était encore mieux, elle était sûre que sa grand-mère adorerait l'idée. Mélanie avait très hâte de l'appeler.

L'excitation qu'elle perçut dans la voix de sa grand-mère lui assura qu'elle avait effectivement pris la bonne décision. Elle expliqua la situation difficile dans laquelle elle se trouvait et elle attendit qu'au bout de la ligne on lui témoigne un accord. Mais, à sa grande surprise, sa grand-mère répondit : « Mélanie, tu sais que tu seras toujours la bienvenue chez moi, mais ta mère, la lesbienne, n'est pas la bienvenue. Je ne me laisserai pas humilier par sa présence. » Mélanie était renversée d'entendre ces mots dans la bouche de sa grand-mère. Que voulait-elle dire en parlant de « lesbienne » à propos de sa mère ? Il n'y avait pas de choses comme cela dans la famille. Sa mère était une femme heureuse, épanouie et parfaitement intégrée socialement. Sa grand-mère était-elle en train de devenir sénile ?

Sa grand-mère continua en disant que toute la ville parlait de la relation lesbienne entre sa mère et Hélène. Elle n'arrêtait pas de dire que cela avait terni la bonne réputation de la famille, que c'était vraiment très égoïste de la part de la mère de Mélanie et qu'elle était très déçue d'avoir une telle fille. Elle alla même jusqu'à dire que Mélanie devrait peut-être envisager de venir s'installer chez elle ou d'aller vivre avec son père.

Comment pouvait-on encore penser à Noël dans ces conditions ? Alors que les gens célébraient la naissance d'un enfant divin, elle ne pouvait que penser à la mort. Le suicide serait sûrement préférable aux choix qui s'offraient à elle dans la vie. Le lesbianisme de sa mère était-il la raison qui avait poussé David et Suzanne à aller vivre ailleurs ou n'était-ce qu'une coïncidence ?

Pensez-vous que Mélanie vécut un autre Noël ? Devrait-elle demander à son père s'il avait entendu les rumeurs qui couraient sur sa mère et Hélène ? Comment devrait-elle parler à sa mère de cette accusation ? Si sa mère est une lesbienne, en quoi cela devrait-il changer les plans de Mélanie pour Noël ? Y a-t-il un moyen quelconque pour sa mère de convaincre sa propre mère qu'elle n'est pas lesbienne. À la place de la mère de Mélanie, comment réagiriez-vous si votre propre mère vous abandonnait ? Comment demanderiez-vous à votre père s'il est gai ou à votre mère si elle est lesbienne ?

Avec l'histoire de Mélanie, nous avons vu une période de rires et de joies se transformer en angoisse et en désespoir. Un style de vie alternatif devrait-il avoir des conséquences aussi dramatiques ? N'est-ce pas trop cher payer simplement parce qu'on éprouve amour et affection pour quelqu'un du même sexe ? Si vous étiez la meilleure amie de Mélanie et qu'elle vous confiait que sa mère est lesbienne, comment la convaincriez-vous de ne pas se suicider ?

Bernard et Antoine

Bernard et Antoine étaient de vrais jumeaux de onze ans. Personne n'arrivait à les distinguer lorsqu'ils s'habillaient de la même façon. Ils adoraient échanger leurs places en classe et jouer des tours à la secrétaire de l'école. Quand leurs parents étaient encore mariés, leur mère les habillait toujours de façon identique. Cela les privait de leur individualité, mais leur mère trouvait qu'ils étaient encore plus mignons. Après le divorce, leur père, Daniel, décida qu'ils avaient tous les deux besoin d'un changement d'apparence et, à partir de ce moment, chacun put choisir ses propres vêtements. Peut-être effectivement que vivre avec leur père serait « dans l'intérêt des garçons », comme l'avait dit le juge.

Ingénieur chimiste, Daniel travaillait sur de nombreux projets environnementaux. Bernard espérait suivre les traces de son père, alors qu'Antoine voulait devenir infirmier spécialisé dans les accouchements ; il adorait les enfants et voulait aider à les mettre au monde, mais il n'aimait pas assez l'école pour passer sept longues années à faire des études de médecine. Daniel leur avait dit de « suivre leur cœur, de travailler très fort et de traiter tout le monde avec amour et respect ». Bernard et Antoine faisaient toujours la grimace quand leur père leur sortait son petit couplet, mais ils savaient bien, au fond, qu'il essayait lui-même d'en faire la règle d'or de sa propre vie.

Il y avait juste une chose qui les dérangeait dans le fait de vivre avec leur père. Avant le divorce, quand leurs parents avaient des amis à souper, Bernard et Antoine étaient autorisés à rester avec les invités. Ils se tenaient bien à table et savaient qu'il ne fallait jamais interrompre la conversation. Mais maintenant qu'ils vivaient avec leur père, ils devaient manger dans leur chambre ou dans la cuisine quand Daniel avait de la compagnie pour souper. Leur père avait-il honte d'eux ? Ses nouveaux amis n'avaient-ils pas d'enfants ? De quoi Daniel et ses amis pouvaient-ils bien parler qui ne soit pas de leur âge ? N'avait-il pas assez confiance en eux pour leur permettre de rencontrer ses amis ?

Bernard et Antoine s'interrogeaient sur le comportement de leur père, mais Daniel se posait aussi des questions à ce sujet. Il avait obtenu le divorce parce que son ex-femme était alcoolique. Mais Daniel se posait des questions sur son orientation sexuelle depuis qu'il avait dix ans. Il voyait un psychologue depuis des années et ils étaient tous les deux d'accord pour dire qu'il était bisexuel. Pendant son mariage, Daniel avait été fidèle à sa femme, mais il n'avait jamais eu l'impression qu'elle comblait tous ses besoins physiques et émotionnels. Toujours est-il que maintenant, il sortait avec un homme nommé Alain. Même si ses fils n'avaient que onze ans, ils commençaient à découvrir leur sexualité et Daniel avait peur d'afficher le moindre comportement sexuel devant eux. Il était extrêmement important pour lui que Bernard et Antoine ne soient jamais mal à l'aise en présence de ses amis gais ou bisexuels.

Comprenez-vous la situation sans issue dans laquelle se débattent Bernard et Antoine? Ils ont l'impression que leur père a honte d'eux alors qu'il ne veut pas que son comportement les embarrasse. Comment pourraient-ils tous les trois surmonter leur problème de communication? Les garçons sont-ils assez grands pour que Daniel puisse leur révéler son style de vie? Daniel devrait-il demander à ses amis de s'abstenir de tout comportement que ses fils pourraient interpréter à tort comme sexuel?

Il est important de comprendre que lorsque des hommes se réunissent pour souper, personne n'exhibe ouvertement sa sexualité. Les adultes, qu'ils soient gais ou non, savent très bien quand un comportement sexuel est acceptable et quand il ne l'est pas. Bernard et Antoine seront privés d'une dimension importante de leur développement si on les empêche de fréquenter des hommes gais ou bisexuels, car c'est en les fréquentant qu'ils apprendront à accepter les gens pour ce qu'ils sont et non pour le type d'attirance sexuelle qu'ils éprouvent.

MENACE

À quoi pensez-vous quand vous entendez le mot « intimité » ? À un amour inconditionnel ? À la sécurité ? Au sexe ? Au bonheur ? Pour bien des gens, ces mots décrivent les sentiments qu'ils ont pour leur partenaire et la relation qu'ils entretiennent avec lui ou elle. Mais pour d'autres, au contraire, l'intimité est synonyme de gifles, de coups de poing, de morsures, de coups de couteau, de brûlures ou de coups de feu. Si vous demandez à un policier quel est le type d'appel le plus dangereux, il vous répondra sans hésiter que ce sont les cas de violence conjugale. Nous vivons dans une société qui justifie l'agressivité, particulièrement chez les hommes, et qui nous incite à nous battre pour « sortir du lot ».

Nos lois nous protègent des agressions commises par de parfaits étrangers, mais permettent aux gens que nous aimons d'être violents quand ils sont en colère. La violence peut être perçue comme faisant partie d'un continuum qui commence avec des agressions « normales » (comme la fessée donnée à un enfant) et se termine dans la violence pure et simple (coups et blessures). Souvenez-vous de votre propre enfance. Qui infligeait des punitions dans votre famille quand vous faisiez quelque chose de mal ? Quel genre de punition receviez-vous ? Vous envoyait-on dans votre chambre ? Vous privait-on de certaines choses comme la télé, l'ordinateur, le téléphone ou les sorties avec les amis ? La fessée était-elle raisonnable et proportionnée à votre faute ou perceviez-vous la punition comme une forme d'agression physique ou de violence ? Comment vos meilleurs amis étaient-ils punis par leurs parents ? Pensiez-vous qu'en comparaison vos punitions étaient justes ?

Cela n'a pas été facile pour vos parents de déterminer quel type de punition pouvait vous empêcher de vous mal conduire. Mais qu'arrive-t-il quand vous voyez l'un de vos parents se faire agresser physiquement par l'autre. Claude et Denise sont pris dans un dilemme semblable et font face à une situation sans issue dont ils ne savent pas comment se sortir. Que feriez-vous à leur place ?

Claude et Denise

Après avoir vécu seuls avec leur père pendant plus de quatre ans, Claude et Denise furent ravis quand leur père décida qu'ils déménageaient sur la côte. À douze ans, Claude aimait aller à la pêche, faire des randonnées et du surf avec son père, tandis que Denise, qui n'avait que neuf ans, se faisait garder chez la voisine, Bernadette. Jacques, leur père, était fier de l'amour de Claude pour le plein air et il essayait de passer le plus de temps possible avec son fils. La mort de leur mère avait été plus dure pour Claude que pour Denise, mais les deux enfants semblaient bien dans leur peau et ils adoraient la côte autant que lui.

Jacques avait toujours voulu des enfants et il savait qu'il serait un parent formidable, mais il n'avait jamais pu se débarrasser de son attirance pour les hommes. Il avait rencontré Pablo dans une compétition de surf un an plus tôt et il sortait avec lui depuis ce temps. Jacques parlait librement de ses aventures avec Pablo et bientôt les enfants demandèrent à partager leurs week-ends. Petit à petit, Pablo finit par faire partie de la famille et partageait leur repas un ou deux soirs par semaine. Denise restait bouche bée devant les récits que faisait Pablo de la guerre dans le golfe Persique et elle raffolait des histoires qu'il lui racontait le soir pour l'endormir. Mais Claude regrettait les moments de tranquillité qu'il passait autrefois seul avec son père. Il avait l'impression que Pablo était toujours avec eux et il était à la fois jaloux et choqué que son père emmène aussi Pablo dans leurs sorties.

Après s'être fréquentés pendant plus de deux ans, Jacques et Pablo commencèrent à parler de vivre ensemble. Leur principal sujet de préoccupation était les enfants. Comment Claude et Denise réagiraient-ils ? Jacques avait une autre inquiétude qu'il n'avait jamais partagée avec Pablo : le tempérament explosif et souvent violent de son compagnon. Si quelqu'un le coupait quand il changeait de voie, Pablo jurait violemment et donnait des coups de poing sur le volant. Et quand ils n'étaient pas d'accord tous les deux, Pablo approchait son visage à quelques centimètres de celui de Jacques et le défiait de le frapper. Cela se terminait parfois par une empoignade, mais généralement Jacques se contentait de partir jusqu'à ce que Pablo se calme. Comment allaient-ils régler leurs désaccords devant les enfants ? Jacques n'était pas tout à fait sûr de vouloir vraiment vivre avec Pablo, mais il savait qu'il l'aimait beaucoup.

Sa mutation sur la côte avait donné à Jacques bien plus de responsabilités au sein de l'entreprise où il travaillait, mais il adorait travailler avec les autres et ses collègues le respectaient. Un soir, il arriva à la maison un peu plus tard que d'habitude et trouva Pablo avec les enfants. Jacques fut très étonné d'apprendre que le bail de l'appartement de Pablo n'avait pas été renouvelé et qu'il avait dix jours pour se trouver un nouveau logement. Denise supplia Jacques de permettre à Pablo de venir s'installer dans la chambre libre et Claude lui-même appuya sa demande. Jacques avait la tête qui tournait et ses doutes s'étaient encore accrus, mais il s'entendit dire que Pablo serait le bienvenu s'il voulait emménager dès le week-end suivant. Plus tard ce soir-là, Jacques pria pour avoir pris la bonne décision. Seul le temps le dira.

Pendant les premiers mois, tout le monde s'adapta au fait d'avoir quelqu'un d'autre dans la maison. Les conflits étaient mineurs et normaux. Qui sort les poubelles ? Qui fait la lessive ? Qui fait la cuisine ? Claude semblait se sentir moins menacé par la présence de Pablo et il était heureux d'avoir un autre homme pour lui tenir compagnie quand son père était occupé. Jacques avait commencé à voyager pour son travail et il passait une nuit par mois à l'extérieur. C'est un de ces soirs que le tempérament colérique de Pablo se manifesta.

Claude avait invité deux de ses amis après l'école et ils étaient allés jouer dans la salle de jeu. L'un des garçons prit le trophée sportif de Pablo sur la cheminée et le laissa accidentellement tomber. L'objet se brisa et les enfants se sauvèrent en vitesse. Quand Claude commença à expliquer à Pablo ce qui s'était passé, celui-ci entra dans une rage terrible et se mit à le battre. Quand il finit par reprendre ses esprits, Claude avait les deux yeux au beurre noir, le nez ensanglanté et de multiples ecchymoses. Claude s'enfuit dans sa chambre et ferma la porte à clé. Le lendemain, Pablo vint le voir pour s'excuser. Il dit ne pas comprendre pourquoi il avait fait cela et promit de ne jamais plus le frapper. Claude n'alla pas à l'école ce jour-là. Il se demandait ce qu'il allait bien pouvoir dire à son père. Devait-il dire la vérité ou plutôt dire qu'il s'était battu à l'école ? Son père se mettrait-il en colère contre lui pour avoir brisé le trophée de Pablo ou se montrerait-il compréhensif ? Claude décida finalement que mentir épargnerait beaucoup de peine à tout le monde.

Jacques revint fatigué mais content de ses rencontres d'affaires. Il avait décroché plusieurs contrats pour son entreprise et il espérait que la commission qu'il allait en retirer leur permettrait à tous de prendre des vacances bien méritées. Il eut un choc quand il vit Claude. « Qu'est-ce qui t'est arrivé ? », lui a-t-il demandé. Claude murmura quelque chose à propos d'une bagarre à l'école et promit que cela ne se reproduirait plus jamais. Jacques s'assit sur le lit de son fils et lui dit que la bagarre n'avait jamais rien réglé et que les mots et l'éducation étaient des armes bien plus puissantes. Il prit Claude dans ses bras et lui dit : « Je t'aime, fiston. » Il quitta la chambre de Claude avec une drôle de sensation au creux de l'estomac.

Peu de temps après, Pablo et Jacques se disputèrent au retour d'un concert. Pablo avait reçu une contravention pour excès de vitesse et il avait mis cela sur le compte du compteur de vitesse de la voiture de Jacques. Ils étaient encore en train de se disputer en entrant dans la maison. Les enfants se réveillèrent et virent Pablo bousculer et malmener leur père. Jacques leva les bras pour se protéger le visage et Pablo en profita pour le flanquer par terre. Denise se mit à hurler de façon hystérique. Aussitôt Jacques la prit dans ses bras et lui dit qu'ils s'amusaient. « Les hommes ne jouent pas de la même façon que les enfants » a-t-il ajouté. Claude regardait tout cela du haut de l'escalier. Il espérait que son père n'aurait pas de mal.

Les crises de violence sont devenues plus fréquentes, mais elles visaient toujours Jacques, jamais les enfants. Les deux hommes se disputaient à propos de la voiture, pour des questions d'argent, à propos de leurs amis et parfois même des enfants. Pablo était plus gros et plus fort que Jacques, mais ils étaient dans la maison de Jacques. Claude se demandait pourquoi son père ne se défendait pas davantage, n'appelait pas la police ou ne mettait pas Pablo à la porte. Qu'auriez-vous fait à la place de Jacques ?

* * *

Cette situation est sans issue pour plusieurs raisons. Premièrement, Claude et Denise veulent que leur père soit heureux, mais en même temps, ils veulent que Pablo arrête de le battre. Deuxièmement, ce sont Claude et Denise qui ont invité Pablo à venir s'installer chez eux. Devraient-ils aussi prendre la responsabilité de dire à Pablo de partir ? Troisièmement, toute la famille aime être avec Pablo quand celui-ci contrôle son tempérament. Devraient-ils lui suggérer une thérapie et lui demander de changer ? Comment réagiriez-vous si vous étiez à la place de Pablo ? Comment vous sentiriez-vous si vous étiez à la place de Claude et de Denise ?

Aucune famille n'est à l'abri de la violence et de la brutalité. Mais les familles saines et fonctionnelles savent comment canaliser leur colère. Elles font de leurs conflits des instruments de changement et de croissance. Comment votre famille vit-elle ses conflits ? Intéressons-nous maintenant à une autre famille : vous verrez par cet exemple que la violence et l'agression peuvent souvent prendre une forme différente, plus subtile. Faisons la connaissance de Roger.

Roger

Roger avait été agressé sexuellement par son père pendant des années. Personne ne savait vraiment depuis combien de temps cela durait puisque chaque fois que sa mère, Christine, demandait à Roger à quelle sorte de « jeux » son père le faisait jouer, Roger se taisait. Ses grands-parents arrivèrent un jour à l'improviste et Roger se retrouva en moins de deux à Cologne, en Allemagne. Sa mère avait demandé le divorce et les tribunaux allemands avaient décrété que son père n'était pas autorisé à le voir. Pour la première fois de sa vie, Roger était en sécurité.

Tout de l'Allemagne le fascinait. Il avait appris à l'école que « le mur » était tombé et que les deux parties de l'Allemagne s'efforçaient de se réunifier. Roger voulait voir tous les endroits qu'il avait étudiés à l'école l'année précédente. Ils étaient à Berlin quand sa mère rencontra Gaby. À la différence de bien d'autres amies de sa mère, Roger aima Gaby tout de suite. Elle était grande et athlétique, et sa curiosité pour l'Amérique entraînait des heures de questions et de rire. En échange, Gaby devint leur guide et leur interprète. Roger travailla très fort pour apprendre l'allemand au point de pouvoir communiquer facilement en moins d'un an. Sa grammaire n'était pas parfaite, mais au moins tout le monde pouvait le comprendre.

Après deux ans et demi passés en Allemagne, le divorce fut définitivement prononcé et sa mère obtint la garde non partagée de Roger. Et juste comme la vie de Roger semblait redevenue calme et sereine, sa mère lui annonça qu'ils retournaient aux États-Unis à la fin de la semaine. Comment pouvaient-ils faire cela à Gaby ? Roger l'aimait comme une seconde mère et il voulait qu'elle vienne avec eux. Pourquoi fallait-il qu'ils partent maintenant ?

C'est que, sans que Roger le sache, ses grands-parents avaient lancé un ultimatum à leur fille : si elle n'abandonnait pas sa relation lesbienne avec Gaby, ils demanderaient à un juge allemand de leur confier la garde de Roger. Ils avaient discuté des heures de ce qui était dans l'intérêt de l'enfant et ils en avaient conclu que vivre aux États-Unis lui permettrait d'avoir plus de contacts avec sa famille étendue. C'est pour cela que Christine et Roger étaient revenus à Washington pour y refaire leur vie une fois de plus. Gaby avait promis d'écrire et dit qu'elle essaierait de les rejoindre. Mais Roger ne l'a jamais revue et il en a eu le cœur brisé.

Washington était un endroit fascinant pour un garçon de dix ans, mais il ne voyait pas souvent sa mère. Christine se mêlait beaucoup de politique et militait pour les droits des gais et des lesbiennes. Roger ne savait pas trop ce que cela voulait dire d'avoir une mère lesbienne, mais au moins il rencontrait beaucoup d'autres enfants dont les parents étaient gais. Les années passèrent lentement ; Roger ne reçut, en tout et pour tout, qu'une seule lettre de Gaby et deux cartes postales de ses grands-parents. Pourtant, tout le monde s'était montré si amical avec eux en Allemagne. Pourquoi ces gens leur tournaient-ils maintenant le dos ?

Sa mère commença à l'emmener dans des rencontres avec d'autres lesbiennes. Elle le leur confiait quand elle devait rencontrer des hommes politiques en privé. C'est pendant ces rencontres que Roger fut l'objet d'agressions verbales très dures de la part de certaines de ces femmes. D'autres étaient gentilles avec lui, mais ces femmes hostiles lui faisaient peur et le perturbaient par leur colère. Il venait juste d'avoir onze ans. Comment pouvait-il représenter une menace pour elles ? Voulaient-elles vraiment lui faire mal parce qu'il était un homme ?

Comment vous sentiriez-vous à la place de Roger ? Auriez-vous demandé à votre mère pourquoi vous deviez quitter l'Allemagne ? Trouvez-vous que les grands-parents de Roger l'ont traité convenablement ? Si vous étiez à la place des parents de

Christine et que vous découvriez que votre fille a une relation lesbienne, la menaceriez-vous de lui reprendre Roger ? Pourquoi ?

Vous rendez-vous vraiment compte de la situation inextricable dans laquelle Roger est pris ? Sa mère est très heureuse dans son engagement politique pour les gais et les lesbiennes, et elle fait confiance à ses amies quand elle leur confie la garde de Roger. Comment réagirait-elle si elle savait que ses amies agressent Roger verbalement ? À la place de Roger, parleriez-vous de ces insultes à votre mère ou essayeriez-vous de régler cela tout seul ?

Les enfants se retrouvent souvent pris dans des situations sans issue et ils ne savent pas trop comment s'en sortir. Parfois, ils essaient d'empêcher un parent d'avoir de la peine et à d'autres moments, ils essaient de se protéger eux-mêmes. Prenez quelques instants pour penser un peu au partenaire de votre parent. S'est-il déjà montré agressif envers vous ou votre parent ? Si oui, avez-vous réglé cela tout seul ? Avez-vous supporté cela en silence par amour pour votre parent ou lui avez-vous demandé de l'aide ? Si vous avez souffert en silence, se peut-il que votre parent ait lui aussi souffert en silence par amour pour vous ? Peut-être êtes-vous tous les deux pris dans une situation sans issue !

EN GRANDES POMPES

Les émotions ressenties au moment de la remise d'un diplôme sont nombreuses. Jamais, peut-être, ne ressent-on un tel ensemble de sentiments contradictoires. D'abord, il y a la joie d'avoir réussi à terminer ses études. Puis, il y a la tristesse de devoir quitter des amis proches qui nous sont très chers. Par ailleurs, cette étape est un début tout autant qu'une fin. Enfin, c'est un moment de célébration, mais aussi de sérieuse réflexion. On se retourne avec fierté sur ce qu'on vient d'accomplir et on envisage avec une certaine crainte ce qui nous attend. Il est certainement difficile de surmonter ces émotions, car chacune d'elles cache une situation sans issue. Essayez, par exemple, d'imaginer les problèmes que doivent affronter les jeunes dans les exemples suivants.

Le dilemme de Jean-François

Jean-François s'était investi à fond dans ses études universitaires et il en avait retiré beaucoup. Il attribuait une partie de son succès à la confiance qu'il avait ressentie en arrivant sur le campus. Il avait terminé ses études secondaires au deuxième rang d'un groupe de 450 élèves. À l'université, il s'était engagé dans toute une série d'activités et il s'était senti respecté et appuyé par ses camarades et ses professeurs.

Jean-François vivait avec son père, Denis, et l'ami de celui-ci, Christian. Ils vivaient tous les trois ensemble depuis environ huit ans. Jean-François se souvenait avec plaisir de la cérémonie de remise des diplômes, à la fin de son secondaire. Tout le monde était là : sa mère, sa grand-mère, son frère aîné et sa sœur, et bien sûr son père et Christian.

En fait, Jean-François voyait plus souvent son frère et sa sœur que sa mère. Elle était représentante pour une entreprise pharmaceutique et voyageait beaucoup. Leurs moments ensemble étaient rares, brefs et très espacés. Mais elle avait insisté pour payer la moitié de ses études universitaires et cela voulait dire beaucoup pour Jean-François.

Deux ou trois semaines avant la date de paiement de ses frais de scolarité, le père de Jean-François perdit son emploi au chantier maritime de la marine. Plutôt que de donner à ses employés une indemnité de départ, le gouvernement leur offrit la formation nécessaire à de nouveaux emplois. Cela voulait dire que Denis n'avait plus de revenus et qu'il lui faudrait entre six mois et deux ans de formation avant d'être suffisamment qualifié pour se trouver un emploi en dehors de la fonction publique. Comment cette situation affecterait-elle les études universitaires de Jean-François ? Celui-ci avait travaillé tout l'été et il avait un peu d'argent de côté, mais pas assez pour combler la différence. La seule chose qui était assurée, c'était la part des frais de scolarité payée par sa mère et un petit emploi rétribué à l'université, mais qui ne lui rapportait pas grand-chose. Sans emploi, Denis ne pouvait emprunter de quoi payer les frais de scolarité de Jean-François et ce dernier se demandait s'il était juste de mettre son père dans une telle situation. Devait-il proposer à son père de travailler pendant une année et d'épargner ainsi l'argent nécessaire à son éducation ? Ne serait-ce pas plus facile pour son père s'il s'engageait dans la marine et oubliait complètement ses études universitaires ?

La semaine suivante, un soir après le repas, Christian dit à Jean-François : « J'ai une faveur à vous demander à ton père et à toi. Je n'ai jamais vécu l'expérience formidable d'avoir un fils, mais j'ai eu la chance de pouvoir te partager avec ton père. Je considérerais cela comme un honneur que vous me permettiez de payer la moitié de ton année d'études. » Jean-François était stupéfait. Il jeta un coup d'œil à son père et vit des larmes dans ses yeux. Denis fut le premier à parler. Il demanda à Christian s'il pouvait leur accorder un peu de temps pour qu'ils en discutent, son fils et lui. Ils remercièrent tous deux Christian pour son offre si généreuse et ils convinrent tous les trois de s'en reparler un peu plus tard dans la semaine. Quand Christian se leva pour faire la vaisselle, Jean-François le serra dans ses bras et lui dit : « Je t'aime. »

Finalement, Denis et Jean-François acceptèrent l'offre de Christian et Jean-François réussit une année couronnée de succès dans tous les domaines. Comment pourrait-il jamais remercier assez Christian ? Non seulement lui avait-il assuré la sécurité financière qui lui avait permis de terminer son année, mais son soutien, combiné à celui de son père, de sa grand-mère, de son frère et de sa sœur n'avait tout simplement pas de prix. Christian tenait vraiment une place importante dans la famille de Jean-François.

Denis et Christian assistaient à tous les événements universitaires pour lesquels ils pouvaient se libérer : les matches de foot, les jeux père-fils, le week-end des parents, les événements organisés par les étudiants. Jean-François adorait les voir assister à ces événements spéciaux et pouvoir les présenter à ses amis. Ses amis acceptaient bien les deux hommes et avaient hâte de les revoir. Denis allait voir son fils tout seul au moins une fois par trimestre, et Christian faisait de même. Ces visites individuelles offraient à chacun des moments de croissance personnelle très spéciaux.

Tout comme les années du secondaire, les quatre années d'université de Jean-François passèrent très vite. Avant de s'en rendre vraiment compte, c'était déjà la remise des diplômes. Mais maintenant, la situation était différente. Il ne pouvait inviter que quatre personnes de sa famille immédiate, mais il lui aurait fallu cinq places. Jean-François demanda à

tous ses amis s'ils n'auraient pas une place à lui offrir, mais personne ne put l'aider.

Finalement, Jean-François réussit à trouver une carte d'invitation supplémentaire, mais son soulagement fut de courte durée : et sa mère ? Il savait qu'elle l'aimait, mais comment s'insérerait-elle dans le tableau ? Qui devrait-il éliminer s'il voulait l'ajouter à sa liste ? Il devint bientôt évident pour lui qu'il devrait choisir entre Christian et sa mère. Allait-il décider en se fiant à ses sentiments ou à ses obligations ? Il avait partagé tellement plus de choses dans la vie avec Christian, mais d'un autre côté, elle était sa mère. De plus, elle ne savait pas que Christian avait payé la moitié de sa première année d'études.

On peut dire que c'est vraiment une situation sans issue. Élimineriez-vous votre mère ou lui diriez-vous que c'est grâce à Christian que vous avez pu commencer vos études universitaires ? Donneriez-vous au contraire l'invitation à votre mère en espérant que Christian comprenne ? Si la mère de Jean-François n'avait pas payé la moitié de ses études universitaires, serait-il dans une telle situation ? Comment réagiriez-vous si vous étiez écarté de la cérémonie de remise des diplômes de Jean-François alors que vous avez tant contribué à son éducation au cours de toutes ces années ? Cinq cartes d'invitation et six personnes à inviter, comment vous en sortiriez-vous ?

LE FLÉAU DES ANNÉES 90

Dans toute l'histoire, l'humanité fut affligée d'une série de fléaux qui suscitèrent des peurs irrationnelles et qui firent naître bien des préjugés. Les victimes de ces maladies pouvaient s'attendre à être abandonnées par certains membres de leur famille et par leurs amis, à être plutôt mal traitées par certains membres du milieu médical et ostracisées par la société en général. Les fanatiques religieux attribuaient souvent ces épidémies à la colère de Dieu et y voyaient une juste punition de l'immoralité et du péché. On tenait souvent ces accusations pour vraies parce que la science ignorait les causes et la nature de ces maladies infectieuses.

Dès 4000 avant Jésus-Christ, en Égypte, la lèpre suscitait la même réaction, tout comme le ferait plus tard, dans la Rome antique, la peste antonine (la rougeole) ; dans l'Europe médiévale, c'était la syphilis et la peste bubonique ; au dix-huitième et au dix-neuvième siècle, le choléra, la fièvre jaune, la variole et la tuberculose en Europe et en Amérique ; et dans l'Amérique du vingtième siècle, c'était la grippe, la polio et la maladie du légionnaire. Et comment vivait-on ces épidémies ? Au début, on n'y croyait pas, mais quand les gens commençaient à mourir par milliers, il fallait trouver un bouc émissaire pour pouvoir faire porter le blâme par quelqu'un. Les victimes cherchaient la guérison auprès des médecins et des guérisseurs, souvent à l'aide d'herbes et de

drogues qui n'avaient pas été testées et dont l'efficacité n'avait pas été prouvée. Quand on s'apercevait que ces traitements ne parvenaient pas à infléchir le nombre des morts, on isolait les personnes porteuses jusqu'à ce que la société finisse par comprendre plus clairement les mécanismes de la maladie. Et, entre-temps, les gens continuaient à mourir.

Qu'avons-nous appris au cours des 6 000 dernières années sur la façon de traiter les épidémies ? Si l'on regarde la façon dont bien des gens, dans les pays occidentaux, réagissent au sida, pas grand-chose. L'ancien responsable de la santé des États-Unis, C. Everett Koop, a dit : « Le sida a mis la peur dans les cœurs de la plupart des Américains, la peur de la maladie, mais aussi la peur de l'inconnu… La peur peut être utile quand elle amène les gens à éviter les comportements à risque, mais une peur irraisonnée peut être aussi invalidante que la maladie elle-même. » Quelles pensées éveille dans votre tête le mot « sida » ?

Le fléau des années quatre-vingt-dix est le sida. Vous avez peut-être un parent séropositif, mais qui ne présente aucun symptôme ou qui, au contraire, est vraiment atteint du sida. Qu'est-ce que cela veut dire pour quelqu'un d'être séropositif ? Cela veut dire que la personne est actuellement en bonne santé, mais que son système immunitaire a produit des anticorps contre le VIH (virus d'immunodéficience humaine). Avec nos connaissances actuelles, les gens qui sont vraiment atteints du sida ont de forts risques, avec le temps, de mourir d'une infection quelconque ou du cancer. Selon les chercheurs, nous sommes encore loin d'un vaccin contre le virus du sida et ils prédisent même que d'ici peu, chacun de nous connaîtra une personne séropositive. À votre tour de faire la connaissance de certaines des personnes qui sont aux prises avec les diverses ramifications de ce fléau.

Mary-Ann

« J'ai treize ans maintenant. Quand j'avais trois ans, ma mère eut un autre enfant, mais Paul, mon frère, est né avec plusieurs malformations congénitales graves et il est mort avant même de quitter l'hôpital. Dix-huit mois après la mort de Paul, maman tomba de nouveau enceinte. Nous étions tous très excités et nous nous sommes mis à choisir des noms pour le bébé. Malheureusement, elle fit une fausse couche. Mes parents n'essayèrent jamais plus d'avoir un autre enfant et je les comprends. Il nous fallut à tous beaucoup de temps pour nous remettre de ces deux tragédies.

Mes parents sont divorcés depuis plus de cinq ans et je vis avec mon père. La relation entre mes parents est plutôt bonne, mais nous nous disputons souvent quand nous nous retrouvons tous les trois ensemble.

C'est pourquoi nous ne nous réunissons pas très souvent.

Mes parents se rencontrèrent à l'école secondaire et se fréquentèrent pendant tout le secondaire et toute l'université. Papa continua ses études et devint chirurgien orthopédiste. Maman, l'artiste de la famille, fit ses études dans le domaine de la mode. Les premières années de leur mariage furent difficiles, mais tout le monde croyait qu'ils étaient heureux. Personne ne se posa de questions sur les sacrifices qu'avait dû faire maman pour permettre à papa de continuer ses études de médecine. Dans notre religion, les femmes sont censées aider leur mari et prendre soin des enfants. Pendant un certain temps, maman sembla s'accommoder de cet arrangement, mais à mesure qu'elle rencontrait des gens dans le domaine de la mode, elle aspirait à plus de liberté.

Vivre avec deux parents passionnés par leur carrière respective fut très difficile. Quand ils commencèrent à s'éloigner l'un de l'autre, je me mis à passer de plus en plus de temps avec mes grands-parents paternels. Un jour, au retour d'un voyage à New York, ma mère fit irruption dans la maison, tout essoufflée avec des paquets pleins les bras. « Devinez ce qui m'arrive, a-t-elle dit. J'ai été nommée rédactrice en chef d'une revue de mode et je commence dans deux semaines. » Ni mon père ni moi n'avons su quoi dire quand elle nous proposa de déménager tous à New York. Mon père venait de se joindre à une équipe médicale prestigieuse de la région de Salt Lake City et il n'avait pas l'intention de quitter la région à ce stade de sa carrière. Sans nous en prévenir, maman avait déjà loué un appartement et elle partait pour New York avec ou sans nous. Alors, quand mes parents se séparèrent, on ne discuta pas longtemps pour savoir avec qui j'allais vivre.

Il fut très difficile pour moi d'essayer de m'ajuster à l'emploi du temps d'un chirurgien renommé. Mon père rata plus de récitals, de pièces de théâtre et de rencontres de parents que la plupart des parents célibataires. Mais il m'aidait à faire mes devoirs, me brossait les cheveux tous les soirs (quand il était à la maison) et me cuisinait de délicieux petits plats. J'aimais tous ses amis, mais particulièrement le D^r McIntyre et la D^{re} Hoffman. Les week-ends, le D^r McIntyre (Lee) faisait un panier de pique-nique et m'emmenait faire une promenade à moto autour du lac pendant que papa travaillait. C'était presque comme avoir deux pères, mais il avait son propre appartement à environ cinq kilomètres de notre maison. La D^{re} Hoffman (Mélanie) défiait toute description : elle était crédule, terrible cuisinière et très sensible. Elle était oncologue pédiatrique et communiquait remarquablement bien avec les enfants. Dans bien des domaines, elle remplaça ma mère. C'est ainsi que nous finirent par former tous les quatre une famille heureuse.

Un mois avant mon dixième anniversaire, mon père me dit qu'il devait assister à un colloque et qu'il serait absent une semaine. C'était la routine habituelle et Mélanie vint s'installer chez nous pour s'occuper de moi. J'avais hâte de faire mon tour de moto avec Lee, mais il allait malheureusement assister au même colloque que mon père. Ils allaient souvent à des colloques ensemble, alors je ne m'inquiétais pas. Je ne m'attendais pas du tout à la nouvelle que j'allais recevoir à leur retour.

Quand il s'assit dans son fauteuil préféré, je remarquai que mon père avait l'air faible et fatigué. Il me demanda de venir m'asseoir sur ses genoux pour que nous puissions avoir tous les deux une conversation sérieuse. Lee et Mélanie étaient là également. Il m'a dit qu'on avait découvert il y a neuf mois qu'il était séropositif. Lee et lui étaient allés camper en montagne pour la dernière fois. C'est là que mon père avait trouvé ce qu'il allait me donner comme cadeau d'anniversaire.

Rien n'aurait pu me préparer à ce qu'il allait me donner en cadeau. Mon père m'avait acheté un aller simple en avion pour New York pour que je puisse aller vivre avec ma mère ! Je commençai à hurler et à trembler de tous mes membres et mon père me serra dans ses bras. D'une voix douce, il me dit qu'il allait mourir et qu'il ne voulait pas que je le voie dépérir. Nous nous sommes pris les mains tous les quatre et nous avons pleuré pendant des heures sans parvenir à nous contrôler. »

Même si Mary-Ann n'avait que dix ans, elle savait qu'elle voulait vivre avec son père jusqu'à ce qu'il meure. Elle s'en fichait de ce dont il aurait l'air avant de mourir parce qu'elle l'aimait de tout son cœur. Mais en même temps, elle ne voulait pas que son père s'inquiète pour elle alors qu'il était en train de mourir. Mary-Ann voulait bien respecter les dernières volontés de son père, mais elle ne voulait pas le laisser tout seul. Comprenez-vous la situation sans issue dans laquelle elle se trouvait ?

Qu'auriez-vous fait à sa place ? Pourquoi ? Mary-Ann avait-elle des chances de bien s'intégrer à la vie de sa mère ? Quels changements sa mère devrait-elle apporter à son mode de vie ? Et où Mary-Ann allait-elle vivre si sa mère ne voulait pas d'elle ? Comment se sentiraient Mélanie et Lee si Mary-Ann allait vivre à New York ? Pourraient-ils obtenir la garde de Mary-Ann et la garder en Utah ? Comment croyez-vous que le père de Mary-Ann est devenu séropositif ? Croyez-vous que Lee et lui étaient amants ou que son père avait contracté le virus pendant une opération ? Cela avait-il la moindre importance ? Pensez-vous que Mary-Ann se souciait de savoir comment il avait bien pu être infecté ? Pourquoi ?

On peut se poser une multitude de questions à propos de cette situation, mais une chose ressort nettement : à quel point il fallait que son père aime Mary-Ann pour se séparer d'elle au moment où il avait le plus besoin d'elle !

Jocelyne

« Pour beaucoup d'enfants, avoir un parent gai n'est rien d'autre qu'une immense opération de camouflage, un énorme secret. Que diriez-vous si votre mère était une femme politiquement engagée pour les droits des gais et des lesbiennes et qu'elle était en plus un pasteur homosexuel ? Comme vous pouvez le voir, le secret n'était pas un choix qui s'offrait à moi. J'ai quinze ans, je sors avec de beaux garçons et pour couronner le tout, ma mère a le sida. Pire encore, ma grand-mère maternelle se bat pour obtenir ma garde quand ma mère sera morte. Elle dit qu'elle ne me laissera jamais continuer à vivre avec Dee, l'amante de ma mère, et Holly, sa fille de douze ans qui est d'une certaine façon ma « sœur ». Alors, si vous croyez que la vie est dure pour vous, essayez donc de vous mettre à ma place pendant quelques semaines.

L'histoire de ma vie est plutôt intéressante et, dès le début, elle a pris des chemins plutôt inattendus. Ma mère s'était doutée pendant presque toute sa vie qu'elle était lesbienne, mais ses parents étaient remplis de préjugés et elle ne s'était pas risquée à leur parler de ses sentiments. Ils haïssaient les blancs, les

catholiques, les démocrates, les péquenots, les médecins… la liste était longue. Au fond, ils haïssaient
tous ceux qui n'étaient pas comme eux ou qui
n'avaient pas les mêmes opinions qu'eux. Avec de
tels parents, comment diable ma mère fit-elle pour
être aussi aimante et compréhensive ? Il faut croire
que les miracles existent.

Mais il y eut un moment dans la vie de ma mère
où elle crut que ses parents s'étaient un peu adoucis.
Elle était revenue de l'université et leur avait dit
qu'elle était enceinte. Son père avait dit : « Je veux
savoir qui est le père. Il faut absolument qu'il fasse
son devoir et qu'il t'épouse. » Bien entendu, elle ne
lui dit jamais qu'elle s'était entendue avec un de ses
amis gais pour qu'il lui fasse un enfant. Maman voulait choisir le père et à son avis, Kevin avait tous les
bons gènes. Bref, mes grands-parents dirent à ma
mère qu'elle pouvait venir vivre avec eux. Un jour
cependant, ils la virent à la télévision dans une manifestation gaie à Washington : elle brandissait une
pancarte sur laquelle on pouvait lire : « LES LES-
BIENNES AUSSI ONT LE DROIT D'ÊTRE MÈRE ».
Inutile de vous dire qu'ils la mirent dehors à moins
d'un mois de ma naissance.

Dee était pour maman une sorte de chevalier sans
peur et sans reproche. Elles s'étaient rencontrées à la
clinique où j'étais née. Comme elle s'était enfuie le
plus loin possible de ses parents, personne n'était là
pour aider maman au moment de l'accouchement.

Ce n'était peut-être pas très intelligent, mais c'est ce qu'elle avait fait. Quand ses parents lui avaient dit : « Rosemary, fais tes valises et fiche le camp d'ici ; en ce qui nous concerne, nous ne voulons jamais plus vous revoir, toi et ton petit bâtard », elle les avait crus et était partie. Malheureusement, elle avait aussi laissé derrière elle une multitude de bonnes amies qui auraient pu l'aider. Mais maman est une tête de mule, comme moi, et elle traversa tout le pays jusqu'à San Diego.

Se trouver un appartement et un travail à San Diego ne fut pas facile, surtout pour une mère célibataire avec un nouveau-né. Pendant un certain temps, nous vécurent chez une amie de Dee, une vieille dame nommée Mme Peterson. Elle adorait les bébés et s'occupait de moi pendant que maman travaillait au centre des femmes. Et pendant tout ce temps, Dee venait nous voir après son travail. Un dimanche, Dee demanda à maman si elle aimerait venir avec elle à l'église gaie. Maman accepta et nous allèrent toutes les trois assister à l'office dans une église chrétienne non affiliée appelée Anchor Ministries. Nos vies ne furent plus jamais les mêmes après ce dimanche.

Nous nous sommes installées chez Dee trois mois avant qu'elle-même ait son bébé. Holly est née deux semaines plus tôt que prévu, mais elle était en parfaite santé et très jolie. À trois ans, j'étais à la fois très excitée par ma « nouvelle poupée » et jalouse d'elle. La question de savoir qui était la mère de qui ne se posait pas chez nous. Après avoir été ordonnée pasteur, maman partit comme missionnaire en Afrique pendant six mois. Pendant tout ce temps, Dee assuma toutes les responsabilités parentales dans la maison. Deux ans plus tard, maman retourna en Afrique pour une autre période de six mois pour s'occuper des malades et des pauvres. Elle m'envoyait des cartes postales et des lettres, et j'étais très fière de son travail de missionnaire, mais je me sentais seule. Adolescente, je voulais être auprès de ma mère, car j'avais besoin d'elle. Quand elle revint de son second voyage en Afrique, ma mère déclara qu'elle avait fini de voyager pour un temps ; je lui avais beaucoup manqué et elle était épuisée.

Notre passe-temps favori à toutes les quatre était de découvrir de nouveaux restaurants où manger le week-end. Nous décidions chacun notre tour de ce que nous allions manger le week-end suivant. Le repas préféré de maman était le petit-déjeuner, le mien était le repas de midi. Quant à Dee et Holly, c'étaient les desserts qu'elles préféraient. Un matin où nous devions partir à la découverte d'un nouveau restaurant, maman se dit trop fatiguée pour sortir du lit. Dee s'était inquiétée de sa perte de poids, mais elle ne m'en avait rien dit. Quand nous avons finalement emmené maman à l'urgence, elle faisait plus de quarante de fièvre. Quand Dee prévint les médecins que maman était allée en Afrique, ils la mirent aussitôt en quarantaine. Les spécialistes pensaient qu'elle avait une maladie tropicale rare. Il fallut quatre jours d'hôpital pour en arriver à un diagnostic : maman avait le sida.

Mon cerveau se mit à fonctionner à cent à l'heure quand j'entendis la nouvelle. Comment diable pouvait-elle avoir le sida ? Elle était peut-être lesbienne, mais elle était aussi monogame et de plus, elle était pasteur. Je savais bien qu'elle ne se droguait pas et qu'elle n'était pas bisexuelle. Avait-elle reçu du sang contaminé lors de son opération au genou ? Son chirurgien était-il lui-même infecté sans le savoir ? Les spécialistes s'étaient-ils trompés ? Mais, au fait, qu'avais-je lu sur le nombre de cas de sida en Afrique ? Elle n'avait tout de même pas été contaminée par les gens qu'elle essayait d'aider. Se pouvait-il que ma mère ne me voie jamais terminer mon secondaire ou mon université ? Se pouvait-il qu'elle n'assiste jamais à mon mariage ou qu'elle ne connaisse jamais ses petits-enfants ? Quelle sorte de mauvaise blague Dieu était-il en train de me jouer là ? Ma mère était pasteur et elle aidait les malades ; elle ne pouvait pas mourir !

Ce premier séjour à l'hôpital ne fut que le premier d'une longue série. Maman n'est pas seulement séropositive, elle a en plus tous les symptômes de la maladie. Ma mère, Rosemary Blaylock, n'est plus la personne dynamique et joyeuse qu'elle était. Elle dépérit de jour en jour sous nos yeux. Holly pleure presque tous les soirs avant de s'endormir. J'entends maman et Dee qui pleurent doucement dans leur lit en parlant à voix basse. Moi, Jocelyne Blaylock, j'en veux au monde entier pour la façon dont les gens parlent des sidatiques ; ne savent-ils donc pas que c'est de ma mère qu'ils parlent ?

Au cas où vous vous apitoieriez sur mon sort, j'ai gardé le meilleur pour la fin. Maman écrivit son histoire et la publia dans un magazine religieux auquel ses parents étaient abonnés. Quand ils apprirent qu'elle était en train de mourir du sida et que je n'avais pas d'autre parent, ils communiquèrent avec maman au travail. Pouvez-vous croire que mes grands-parents veulent que j'aille vivre avec eux quand ma mère sera morte ? Je ne les ai même jamais rencontrés ; pourquoi donc voudrais-je aller vivre avec eux maintenant ? Ma mère les remercia poliment en déclinant l'offre. Trois jours plus tard, un avocat envoya à maman une lettre recommandée dans laquelle il était dit qu'ils demandaient ma garde. Non seulement ma mère était-elle en train de mourir, mais ces parfaits étrangers voulaient m'enlever à Dee et à Holly.

Savez-vous ce que je fais maintenant toutes les nuits ? Je prie pour que ma mère vive jusqu'à ce que j'aie dix-huit ans, parce que si elle tient jusque-là, mes grands-parents maternels ne pourront pas m'enlever à ma famille. Peu importe la façon dont ma mère attrapa la maladie, elle l'a, tout simplement. Peu m'importe aussi maintenant si maman ne me voit pas recevoir mes diplômes ou n'assiste pas à mon mariage. Tout ce que je veux, c'est être près d'elle et lui tenir la main quand elle mourra. Quand je suis venue au monde, ma mère était toute seule. Je ne veux pas qu'elle soit seule quand elle quittera ce monde et je ne veux pas que Dee soit seule à côté d'elle. Je vous en prie, mon Dieu, faites que ma mère vive encore un peu ! »

Que vous inspire l'histoire de Jocelyne ? Pensez-vous que sa mère fit une erreur en allant vivre à San Diego ? Pourquoi ses grands-parents maternels veu-lent-ils tout à coup que Jocelyne aille vivre avec eux ? Si vous étiez à la place de Jocelyne, quels sentiments éprouveriez-vous pour eux ? Que ressent Dee qui aura été une seconde mère pour Jocelyne pendant quinze ans ? Devrait-elle avoir légalement le droit de continuer à agir comme une mère pour Jocelyne ? Si vous étiez le juge dans cette cause, décréteriez-vous qu'il est dans l'intérêt de Jocelyne ou de Holly de séparer ainsi la famille ? Voyez-vous tout ce qu'il peut y avoir d'insoluble dans cette situation ?

Nous avons commencé ce chapitre en définissant une situation sans issue comme une situation dans laquelle il n'y a ni solution évidente ni véritable gagnant. Être parent, c'est à la fois un pari et un ris-que, même dans les meilleures conditions. Quand, en plus, vous ajoutez à cela une autre variable comme celle d'un mode de vie gai, il est possible que votre parent gai ou vous-même soyez pris dans des situations comme celles que vous venez de lire. Peut-être avez-vous plus de choses en commun avec votre parent gai que vous ne le pensiez…

CHAPITRE 6

La nouvelle frontière gaie et lesbienne

L e dictionnaire définit une frontière comme « tout champ du savoir nouveau ou encore incomplètement exploré ». Pourquoi ai-je intitulé ce chapitre « La nouvelle frontière gaie et lesbienne » ? À la différence de ce qui se passait autrefois où une personne se mariait, avait des enfants, divorçait et reconnaissait enfin son homosexualité, les gens commencent maintenant par reconnaître d'abord leur homosexualité, se marient quand c'est possible et planifient ensuite très soigneusement d'avoir des enfants. La technologie médicale actuelle, qui comprend l'insémination artificielle, la fécondation *in vitro* et le recours aux mères porteuses, permet maintenant aux gais et aux lesbiennes d'avoir leurs propres enfants biologiques. Comme vous pouvez le constater, les familles gaies et lesbiennes s'aventurent en terrain vierge. Il n'existe aucune norme pour cette nouvelle vague d'enfants et les parents homosexuels retiennent leur souffle en voyant leurs enfants atteindre le début de l'adolescence. Essayez de vous mettre à la place des gens dont voici les histoires.

Pascal

À douze ans, Pascal était considéré comme un des meilleurs athlètes de son école. Il courait plus vite et lançait la balle plus loin que n'importe qui, y compris tous les élèves plus âgés d'un an. Ses talents s'exerçaient incontestablement en dehors de la classe. Le père de Pascal était un agent de la patrouille routière très respecté dans la communauté. C'est-à-dire jusqu'à ce que Georges vienne s'installer chez eux, trois ans plus tôt. À la différence du père de Pascal qui faisait plus d'un mètre quatre-vingt, portait un uniforme et un revolver, et pouvait sortir vainqueur d'un combat contre trois hommes, Georges était fleuriste. Il mesurait un mètre soixante-deux et ne pesait pas plus de soixante-cinq kilos. Mais ce qu'il y avait de pire pour Pascal, c'est que Georges venait le chercher à l'école au moins une fois par semaine. Invariablement, le lendemain, ses camarades se moquaient de lui. Pascal essayait d'oublier les noms dont ils affublaient Georges, mais quand ils essayèrent de s'en prendre à la relation qui unissait son père à Georges, Pascal se retrouva dans le bureau du directeur pour s'être battu. À la troisième bagarre, le directeur appela son père pour le rencontrer. Pascal n'avait pas la moindre idée de ce qu'il allait bien pouvoir dire aux deux hommes.

Son père arriva très vite à la rencontre. Le directeur demanda au père de Pascal s'il savait que son fils avait été mêlé à trois bagarres en moins de six semaines. Son père répondit par l'affirmative. Alors, le directeur demanda à Pascal s'il y avait un problème dont il n'avait pas connaissance ; c'est tout ce dont Pascal avait besoin pour se vider le cœur. Il dit à son père et au directeur que sa vie à l'école était devenue un enfer depuis que Georges vivait avec eux. Les enfants traitaient sans cesse son père, Georges et même lui de « tantes ». Personne ne le choisissait plus dans son équipe sportive et il se sentait complètement isolé. Il détestait Georges et il détestait l'école. Pourquoi son père ne renvoyait-il pas Georges, que leur vie redevienne normale ? Mais surtout, pourquoi son père avait-il choisi de vivre avec quelqu'un comme Georges. Il détestait la situation dans laquelle son père l'avait placé vis-à-vis de ses amis.

Aucun des deux hommes ne s'était attendu à un tel éclat de la part de Pascal. Le directeur ne savait pas que le père du garçon était gai. Maintenant, il comprenait pourquoi Pascal se battait. Pascal était la victime de l'orientation sexuelle de son père. Pourquoi ses camarades de classe le taquinaient-ils à propos de Georges ? Comment vous sentiriez-vous si vous étiez à la place de Pascal ? Qu'auriez-vous fait si quelqu'un avait traité votre père de « tante » ? Georges devrait-il se trouver un travail plus masculin ? Et s'il le faisait, cela changerait-il l'opinion des gens sur son orientation sexuelle ? Si vous entendiez cela de la bouche de votre fils dans le bureau du directeur, comment réagiriez-vous ? Demanderiez-vous à Georges de partir ? Pascal est-il jaloux de la relation qu'entretient Georges avec son père ? Et si vous étiez le directeur, quelle punition donneriez-vous à Pascal pour s'être battu maintenant que vous savez pourquoi il l'a fait ?

QUERELLES DE FAMILLE

Beaucoup de parents hétérosexuels passent par la même gamme de réactions que les enfants. Ces réactions peuvent aller du choc au ressentiment et de la colère au déni de la réalité. À la différence de l'enfant, le partenaire peut se sentir personnellement menacé par cette révélation et se mettre sur la défensive. « Si j'avais su mieux l'aimer ou mieux le

(la) satisfaire sexuellement, cela se serait-il produit ? »
La façon dont une personne réagit influence incontestablement le comportement que cette personne adopte à l'égard de son enfant.

Divers facteurs dans la vie de la personne déterminent la façon dont elle réagira. Premièrement, l'attitude qu'ont pu avoir ses propres parents à ce sujet est déterminante sur la façon dont elle réagira à la nouvelle. Deuxièmement, le fait que le partenaire hétérosexuel ait pu ou non connaître et fréquenter des gais ou des lesbiennes influencera aussi ses réactions. Si les gais et les lesbiennes qu'il a connus étaient des personnes chaleureuses et amicales, cela entraînera certainement une réaction plus positive de sa part que s'il a toujours été mal à l'aise avec les homosexuels. Troisièmement, l'éducation religieuse qu'a reçue la personne aura forcément un impact sur la façon dont elle considérera les homosexuels en général. Enfin, et c'est probablement le facteur le plus déterminant, il y a la capacité innée de la personne de ne pas juger les autres. Si son attitude fondamentale à l'endroit des gais et des lesbiennes a toujours été négative, on peut difficilement s'attendre à ce que la réaction à l'homosexualité du conjoint soit différente. Voyons comment Étienne reçoit la nouvelle du lesbianisme de sa femme.

Étienne

Étienne et Geneviève étaient mariés depuis quatorze ans. Ils avaient déjà vécu des moments difficiles, mais dans l'ensemble, leur mariage marchait bien. Leurs personnalités n'auraient pas pu être plus différentes. Geneviève était ouverte, sans souci, souple et prenait plaisir à ce que la vie pouvait lui envoyer. Étienne, au contraire, était plutôt introverti. Il était fermé et avait des idées bien arrêtées. On n'osait guère être en désaccord avec lui. Certaines de leurs pires discussions avaient porté sur la discipline à imposer à leur fille, Céline. Fondamentalement, Geneviève trouvait qu'Étienne n'était pas raisonnable. Il se croyait l'autorité dans tous les domaines. Geneviève avait peur qu'avec un père aussi dominant, Céline ait du mal à avoir ses propres opinions.

Geneviève avait beaucoup d'amis. Elle était de ces gens qui ne savent pas ce qu'est un étranger. Son amie la plus proche était Lise. Elles s'étaient rencontrées à l'université où elles avaient partagé la même chambre, puis chacune était partie de son côté. Elles s'étaient toujours tenues en contact et se voyaient plusieurs fois par année. Il y a cinq ans, Lise fut mutée par son entreprise dans la ville où travaillait Geneviève. Elles étaient toutes les deux ravies.

Le lien d'amitié qui les unissait s'était raffermi avec les années, mais dès qu'elles eurent la chance de passer plus de temps ensemble, leur amitié devint très rapidement encore plus profonde. Geneviève commença à prendre conscience du plaisir qu'elle avait à toucher Lise. Elle ressentait, quand elles s'étreignaient, un sentiment particulier qu'elle n'avait encore jamais éprouvé. De quoi pouvait-il bien s'agir ? Après avoir mis plus d'une année à reconnaître ces sentiments et à en discuter, il devint évident pour toutes deux qu'elles étaient amoureuses l'une de l'autre.

Étienne n'avait nullement senti le changement qui s'était opéré dans sa relation avec sa femme. Tout ce qu'il savait, c'est qu'il passait avec elle beaucoup de temps, mais que maintenant Lise était généralement de la partie. Vous pouvez imaginer sa réaction quand Geneviève lui dit qu'elle aimait Lise. Il se mit dans une rage folle et menaça de la tuer si elle ne mettait pas fin à sa relation. Il n'était pas question que ses amis découvrent que sa femme était une gouine ! Les commérages qu'il y aurait en ville risquaient de ruiner sa carrière. Étienne continua de se montrer agressif et Geneviève partit et demanda le divorce.

Pendant ce temps, Étienne fit tout ce qu'il put pour ternir l'image que Céline avait de sa mère. Il traitait Geneviève de tous les noms, disait à Céline que Dieu allait sûrement punir sa mère d'être lesbienne et alla même jusqu'à dire que si Céline choisissait d'aller vivre avec sa mère, elle deviendrait aussi lesbienne et irait en enfer.

Céline était terrifiée par son père et comprenait mal ce qui arrivait. Elle ne voyait pas vraiment pourquoi le choix de sa mère était si terrible. Après tout, Lise était une bonne personne et elle avait un cœur d'or. Mais Céline aimait aussi son père et ne pouvait pas croire qu'il lui dirait des choses pareilles si elles n'étaient pas vraies.

Quels que soient ses sentiments personnels, Étienne agissait-il en bon père quand il essayait d'éloigner Céline de sa mère? De qui avait-il vraiment les intérêts à cœur? Aurait-il dû pouvoir mettre de côté ses préjugés et soutenir la relation que Céline avait avec sa mère jusqu'à ce qu'elle soit assez vieille pour se former une opinion? Que voudriez-vous que votre père fasse en l'occurrence?

Si vous étiez à la place de Geneviève, auriez-vous mis fin à votre relation avec Lise si Étienne avait menacé de vous tuer? Comment feriez-vous pour contrecarrer les idées négatives qu'Étienne avait mises dans la tête de Céline? Céline sera-t-elle jamais capable de considérer Lise comme un être humain respectable ou l'associera-t-elle toujours au divorce de ses parents? Si vous étiez à la place de Lise, quels seraient les pires obstacles à surmonter dans cette relation?

À DES MONDES DE DISTANCE

La plupart des gens placeraient une famille avec un parent gai et une famille avec un parent hétérosexuel aux deux extrémités d'un même spectre. Mais, aussi surprenant que cela puisse paraître, si on examine les deux d'un peu plus près, elles présentent beaucoup de similitudes. En fin de compte, la tâche parentale d'un parent gai est largement semblable à celle de n'importe quel parent célibataire. Le but de chacun d'eux devrait être le même : être le meilleur parent qu'il ou qu'elle puisse être. Et si il ou elle y parvient, personne ne saurait blâmer l'orientation sexuelle du parent pour l'incapacité éventuelle de l'enfant à s'adapter à la société. Les parents gais sont parfaitement conscients des attaques que lance la société contre leur style de vie. S'ils sont effectivement de bons parents, ils travailleront encore plus fort à préparer leurs enfants au monde adulte.

Les similitudes et les différences de ces deux modes de vie composent l'essentiel des histoires qui suivent. Voyons si vous pouvez reconnaître les similitudes ; les différences sont probablement plus faciles à identifier.

Deux familles

Jacinthe est une mère célibataire. Son mari l'abandonna quand son fils François n'avait que deux ans.

La vie était difficile avec lui, mais pas autant qu'elle l'est devenue quand elle se retrouva seule pour élever son fils. Jonglant avec son travail, la garderie, l'argent nécessaire et très peu de soutien de la part de sa famille et de ses amis, elle se demandait souvent si elle était capable d'être un bon parent. Heureusement, elle s'était trouvé un joli petit appartement abordable dans un coin agréable de la ville. L'un des avantages de cet appartement est qu'il était situé à la fois près de son travail et de la garderie de François.

Les premières années d'ajustement à sa nouvelle situation furent difficiles, mais elle avait une multitude de merveilleux souvenirs des années de garderie et de maternelle de François. Quand il commença l'école, sa vie devint plus difficile. L'école organisait de nombreuses réunions et séances d'information auxquelles elle voulait assister, mais elle ne pouvait pas toujours se permettre une gardienne. Quand elle réussissait à venir à l'école, elle était accueillie à bras ouverts par les professeurs et les autres parents. C'était vraiment la première fois depuis que son mari l'avait quittée qu'elle se sentait soutenue par qui que ce soit.

Comme la plupart des garçons, François voulut être louveteau, jouer au baseball et faire partie de l'équipe de natation. Pour une mère célibataire, il n'y avait tout simplement pas moyen de parvenir à gérer toutes ces activités à la fois. Elle demanda alors à

François de choisir l'activité qui l'intéressait le plus. Son choix se porta sur le baseball.

Ils étaient tous les deux très excités quand ils allèrent au magasin de sport acheter l'équipement pour François. Le garçon essaya le maillot, le pantalon, les chaussettes, les chaussures et la casquette. Il essaya de lui faire acheter des souliers à crampons, mais elle lui dit qu'il était trop jeune. François était très fier de l'allure qu'il avait dans son uniforme. C'est alors que le vendeur rappela à Jacinthe que le règlement des petites ligues de baseball exigeait que tous les garçons portent une coquille de protection pour les parties génitales. François commença à demander ce que c'était que ce protecteur et pourquoi il fallait qu'il en porte un.

Jacinthe ne pouvait pas s'empêcher de penser à quel point un père aurait été utile à cette occasion. Premièrement, elle n'était même pas au courant de ce règlement. Deuxièmement, elle ne savait pas si une seule taille faisait pour tous les garçons. Et troisièmement, elle ne savait pas comment expliquer à François ce qu'était ce protecteur en plein milieu d'un magasin bondé. Elle ne voulait pas qu'il sente qu'elle était mal à l'aise ou qu'il trouve qu'il y avait là quelque chose de pas naturel. Elle n'était tout simplement pas préparée en tant que parent à affronter une situation semblable.

Nous nous tournons maintenant vers Nathalie qui vit avec son père gai, André. Sa mère est morte quand Nathalie commençait l'école. Heureusement, elle avait toujours été très proche de son père. Leur relation avait aidé Nathalie à mieux supporter la mort de sa mère. Elle savait que sa mère était une personne aimante et que beaucoup de gens l'aimaient. C'était très réconfortant pour Nathalie. L'assurance-vie de sa mère élimina ce qui aurait pu être un grave problème financier. Quoi qu'il en soit, son père faisait très attention à l'argent et n'arrêtait pas de rappeler à Nathalie ce que coûteraient ses études universitaires.

L'une des choses que Nathalie avait du mal à comprendre, c'est la raison pour laquelle son père et elle n'arrêtaient pas de déménager. Était-ce uniquement parce qu'il ne tenait pas en place ? Ne savait-il pas ce qu'il voulait comme appartement ? La seule chose qui rendait tous ces déménagements supportables, c'est que les frères de son père et ses amis étaient toujours là pour les aider. En fait, les frères et les amis de son père étaient toujours là quand on avait besoin d'eux.

Le père de Nathalie venait sans la moindre gêne assister à toutes sortes d'événements avec elle et pour elle. Mais elle n'arrivait pas à comprendre pourquoi il était si difficile pour son père et elle de se mêler aux familles de ses amies. On aurait dit que tous les groupes se défaisaient aussitôt qu'ils essayaient de se joindre à eux. Était-ce parce qu'elle n'avait pas de mère? Nathalie voulait désespérément leur faire connaître ce père chéri qui l'avait toujours si fermement soutenue.

Le moment le plus difficile pour son père et elle s'est passé au secondaire. On lui avait parlé en classe des menstruations, mais comme elle n'avait ni sœurs ni mère, tout cela demeurait très abstrait. Un jour qu'elle était en train de se préparer pour le bal de fin d'année, elle s'aperçut que ses menstruations venaient de commencer. Que pouvait-elle faire? Ses amies passaient la prendre dans une demi-heure. Elle ne savait pas conduire et il n'y avait rien de ce qu'il fallait à la maison. La seule solution était d'en parler à son père. Seigneur! Elle souhaitait vraiment que son père puisse arranger cela!

En fait, cette mésaventure donna lieu à un de ces moments avec son père dont elle se souviendrait toute sa vie. Quand elle lui dit: «Papa, mes menstruations ont commencé», il vint simplement vers elle et la serra dans ses bras pendant un long moment. Puis il dit: «Je vais t'arranger ça tout de suite, mais je veux qu'on en reparle demain.» Il demanda à Nathalie si elle se sentait bien, puis il fila vers la pharmacie.

Si l'on compare la vie de ces deux familles, on relève bien des similitudes et bien des différences. Examinons d'abord les points communs. Le plus évident est que les deux enfants étaient élevés par des parents célibataires et que chacun des deux parents éprouvait la même gêne à intervenir dans des situations de nature personnelle concernant un enfant de sexe opposé. Même si les obstacles étaient très différents, les deux parents avaient certaines difficultés à élever leur enfant seuls. Et, ce qu'il y a de plus important encore, les deux parents étaient entièrement dévoués au bien-être et au bonheur de leur enfant et ils se montraient d'abord attentifs à ses besoins à lui.

Financièrement, les deux familles étaient très différentes. La mère de François avait du mal à joindre les deux bouts, alors que la mort de la mère de Nathalie avait assuré la sécurité financière de Nathalie et de son père. En ce qui concerne les groupes de soutien, André avait incontestablement plus de chance que Jacinthe. Mais la façon dont on les accueillait l'une et l'autre à l'école était diamétralement opposée. Jacinthe était reçue à bras ouverts tandis qu'André était mis à l'écart. Et pourquoi Jacinthe pouvait-elle jouir en permanence d'un appartement confortable alors qu'André devait constamment déménager ? Au cas où vous ne l'auriez pas deviné, les voisins d'André se plaignaient de son orientation sexuelle. Si le propriétaire était compréhensif, il donnait à André et Nathalie un délai de trente jours, sinon ils devaient faire leurs bagages et déménager en l'espace de dix jours. Heureusement, Nathalie était encore trop jeune pour se rendre compte que son père était gai et qu'on exerçait de la discrimination à son endroit.

Ce qui est important dans ces deux cas, ce ne sont pas les problèmes auxquels chacun des deux parents devait faire face, mais la façon dont ils y faisaient face. Le dévouement total que Jacinthe et André montraient tous les deux à l'égard de leur enfant était absolument incontestable. L'orientation sexuelle d'André nuisait-elle à ses qualités de parent ? Vos parents ont-ils fait mieux que lui ? Et vous, feriez-vous mieux ?

LES JEUX DE L'AMOUR

Élever un enfant à deux représente probablement un des plus grands défis que peut affronter un couple. Que l'on parle d'un couple gai ou d'un couple hétérosexuel, réussir à harmoniser ses façons de faire en la matière représente une tâche incroyable. L'introduction d'une nouvelle personne dans une structure familiale existante exige de la patience, du temps et de la persévérance.

Il ne fait aucun doute que le couple gai a bien moins de choix pour négocier la transition. Si le but du parent gai est de faire accepter son ou sa partenaire d'abord comme un ami et ensuite comme un amant, ils ne peuvent se montrer en public en tant que couple. Notre société pleine de préjugés étiquetterait le couple comme étrange, non naturel ou immoral. Personne ne prendrait le temps de découvrir si ce nouveau partenaire est un être affable et aimant. Les stéréotypes attachés à ce genre de relation ne permettraient jamais aux enfants, aux membres de la famille ou aux amis de découvrir ses traits positifs et cette personne ne serait jamais acceptée comme un membre de la famille. En outre, cela pourrait compromettre bien des sentiments positifs que vous entreteniez à l'égard de votre parent.

Par contre, la société incite le couple hétérosexuel à montrer l'attachement qui l'unit. Les marches dans le parc, les promenades à bicyclette, les films du samedi soir et l'église le dimanche représentent pour un couple hétérosexuel autant d'occasions admises d'entreprendre l'assimilation d'un nouveau membre de la famille. Mais ces occasions de passer du temps ensemble et de faire connaissance sont tout simplement inaccessibles pour un couple gai animé des mêmes intentions.

Une autre zone de difficultés et d'inégalités entre les couples hétérosexuels et homosexuels relève du domaine de l'affection. La démonstration d'affection est une des plus puissantes marques d'amour et de souci de l'autre qui soient. Combien de couples hétérosexuels qui sortent ensemble hésitent à se tenir la main en public ? Pour un couple gai, la chose n'est pratiquement pas envisageable. Il est tout simplement entendu entre les deux partenaires qu'il ne peut y avoir entre eux de démonstration publique d'affection.

Acceptez-vous que votre parent gai témoigne fréquemment son affection à une personne du même sexe ou cela vous dérange-t-il? Une fois de plus, votre acceptation va dépendre en grande partie de votre âge. Un enfant plus jeune ne verra là qu'une expression naturelle d'amour et d'affection, mais pour un enfant plus âgé, la chose paraîtra peut-être perverse ou menaçante, en particulier s'il est du même sexe que son parent gai. Comme vous le voyez, la liberté de mouvement et les choix qui s'offrent au couple sont plus limités pour des parents gais qui essaient de bâtir une famille.

Compte tenu de cette situation, il est évident que pour atteindre le même but — une famille stable, ouverte et aimante — le couple gai doit travailler beaucoup plus fort que le couple hétérosexuel. On doit y réfléchir bien plus avant de trouver la bonne façon de se comporter l'un avec l'autre devant les enfants, les membres de la famille, les amis et la société en général. Et il est terriblement difficile d'y parvenir tout en restant spontané. Voyons comment Vanessa réussit à tenir son équilibre sur cette corde raide.

Vanessa

Vanessa a un fils de quatorze ans, Simon, qu'elle adopta quand il avait trois ans. Il avait déjà connu plusieurs foyers d'accueil et avait été victime de violences physiques et de négligence. Vanessa avait travaillé très fort, non seulement dans son métier, mais aussi en tant que parent unique. Deux ans plus tôt, lors d'une réunion d'affaires, elle avait rencontré Lucille. Le travail de Lucille était très semblable au sien. Elles ont parlé des similitudes et des différences que représentait pour elles le fait de travailler dans des quartiers différents de la ville. Vanessa se sentit tout de suite à l'aise avec Lucille. Il était si facile de lui parler et elles avaient beaucoup de champs d'intérêt en commun. Elles décidèrent d'aller manger ensemble la semaine suivante et, à partir de là, leur relation atteignit des sommets que ni l'une ni l'autre n'aurait jamais cru possibles. Au bout de deux ans de relation à distance, chacune d'elles prit l'engagement de passer le reste de sa vie avec l'autre.

Vanessa présenta d'abord Lucille à Simon comme une relation d'affaires. Simon savait que les deux femmes se voyaient très souvent pour déjeuner, pour souper ou pour aller au spectacle, mais bientôt Lucille commença à passer plus de temps à la maison. Simon trouvait que sa mère était bien plus facile à vivre depuis qu'elle avait rencontré Lucille. Il était même très à l'aise pour demander à Lucille son avis sur des choses dont il n'osait pas parler à sa mère. Sur bien des plans, il avait l'impression d'avoir deux parents ; comme c'était étrange ! Mais aussi, réconfortant. Il gardait encore quelque part en lui le souvenir des abus, de la violence et de la négligence dont il avait été victime aux mains de ses parents biologiques. Les foyers d'accueil n'étaient pas si mal, mais il y avait quelque chose qui manquait dans toutes ces maisons : l'amour. Tout ce que Simon savait, c'est qu'il aimait l'atmosphère qui régnait à la maison quand Lucille était là. On avait une impression de chaleur, de bonheur et d'acceptation comme il ne se souvenait pas en avoir jamais connue.

Tandis que Simon vivait ces impressions agréables, Vanessa et Lucille éprouvaient un stress et une angoisse considérables à calculer leurs moindres décisions en fonction de l'intérêt de Simon. Elles connaissaient leur but : faire que Simon les accepte comme couple. Il avait depuis longtemps accepté Lucille comme la personne qui, à part lui, comptait le plus dans la vie de Vanessa. Comment pouvaientelles se témoigner le profond amour qu'elles éprouvaient l'une pour l'autre sans menacer ou choquer Simon ? Quelles étaient exactement leurs limites ?

Elles y allèrent une étape à la fois. Elles cuisinaient ensemble, mangeaient ensemble et faisaient la vaisselle ensemble. Il y avait toujours de la musique à ces moments-là et elles choisissaient les chansons qu'elles aimaient. Elles parlaient ouvertement du temps qu'elles passeraient ensemble, aussi bien professionnellement qu'en privé. Comment sauraient-elles à quel moment Simon allait reconnaître le lien amoureux qui les unissait ? Était-ce dans leur intérêt de se témoigner ouvertement leur affection avant d'avoir dit la vérité à Simon ? Compte tenu de son âge, fallait-il même lui dire la vérité ?

Vanessa et Lucille avaient bien pris soin de faire en sorte que toutes leurs rencontres en public soient justifiées par des réunions d'affaires. Il leur arrivait à l'occasion d'aller au cinéma ou au concert ensemble, mais elles se montraient toujours d'une extrême prudence, pour que personne ne puisse les identifier comme un couple. Les moments intimes qu'il leur arrivait d'avoir se passaient toujours chez Lucille. Aucune d'elles ne voulait courir le risque de perdre Simon.

Chacune de ces deux femmes regrettait de ne pouvoir connaître le plaisir de marcher main dans la main sur la plage, de passer son bras autour des épaules de l'autre pendant un film ou de se regarder amoureusement au restaurant. Pensez un peu à la pression que cette façon de se cacher sans cesse fait subir à une relation. Comment peut-on être à la fois sincère et « insincère » ? Pensez-vous qu'un couple hétérosexuel uni envisagerait un seul instant de prendre autant de précautions pour que tout se passe bien ? Le fait d'être prêt à le faire n'est-il pas la preuve que le parent gai est d'abord dévoué à son enfant et que son partenaire n'arrive qu'en second ?

Vanessa et Lucille ne méritent-elles pas l'admiration, le respect et le soutien de tous ? Seriez-vous prêt à faire les sacrifices qu'elles firent et à vivre les difficultés qu'elles durent affronter pour leur enfant ? Pensez-y un peu. Comment auriez-vous fait à la place de Vanessa et Lucille ? Pourquoi Lucille ne vint-elle pas tout simplement s'installer avec Vanessa après un an de fréquentations ? Qu'auriez-vous pensé à la place de Simon ? Auriez-vous voulu que Lucille vienne vivre avec vous ? Auriez-vous eu le courage de questionner votre mère sur sa relation avec Lucille ? Pourquoi ? Pensez-vous que Vanessa et Lucille devraient cacher leur relation à Simon et attendre pour vivre ensemble qu'il soit parti pour l'université ? Auriez-vous donné le même conseil à un couple hétérosexuel ? Pourquoi ?

COMPROMIS

Dans un couple hétérosexuel, ce que font les parents chez eux n'a pas d'importance, mais le comportement de parents gais — qu'il soit sexuel ou non — est scruté à la loupe par tout le monde. Il semble que ce qu'ils font chez eux *importe* au contraire. Pour pouvoir armer leurs enfants contre les attaques verbales et quelquefois physiques des autres, les parents gais doivent envisager de leur révéler leur orientation sexuelle. Vous avez lu dans ce livre à quel point les réactions aussi bien des adultes que des enfants peuvent être diverses. Chaque fois qu'un parent gai dévoile son orientation sexuelle, il court le risque de perdre son enfant pour toujours. Il n'y a pas de modèle à suivre pour les enfants de parents gais. Vous êtes peut-être vous-même, à l'heure actuelle, en train de vous débattre avec vos propres sentiments envers un parent gai. Dans ces moments de confusion, il est important que vous compreniez que vous n'êtes pas le seul à vivre cela.

Les parents gais espèrent toujours avoir appris à leurs enfants qu'*aimer quelqu'un du même sexe n'est jamais qu'une autre façon d'aimer*. Si les parents gais y sont parvenus, leurs enfants ne les haïront qu'un bref instant, exactement comme n'importe quel adolescent qui grandit. La nouvelle frontière gaie et lesbienne est une réalité ; il ne tient qu'à vous que nous la franchissions avec succès !

Épilogue

De toutes les questions que soulève le fait d'avoir un parent gai, celle qui prend habituellement le plus de temps à résoudre est celle qui concerne votre propre identité sexuelle. Parlons-en une dernière fois.

Premièrement, l'homosexualité n'est pas héréditaire ! Deuxièmement, tous les enfants passent par des phases d'expérimentation avec des personnes de leur propre sexe. Les activités homosexuelles de l'enfance sont saines et constituent une partie normale de la croissance de l'individu. Troisièmement, le fait de sortir, à l'adolescence, avec des personnes du sexe opposé, ne constitue **pas** une forme de déni. Le fait que votre parent soit gai ne veut pas dire que vous serez gai. Seul un jeune sur dix est gai et sortir avec quelqu'un représente aussi un stade normal du développement de l'individu. Quatrièmement, essayez, si vous rompez avec quelqu'un, de ne pas vous trouver des raisons obscures de l'avoir fait. Plutôt que de vous convaincre que vous avez rompu parce que vous vouliez sortir avec quelqu'un du même sexe, concentrez-vous sur le fait que vous avez rompu avec cette personne parce qu'elle n'avait pas les qualités que vous recherchiez chez un partenaire. Concentrez-vous sur le comportement de cette personne et sur ses caractéristiques personnelles avant de vous interroger sur le sexe auquel elle appartient. Et enfin, rien ne garantit que dans quarante ou cinquante ans, vous ne reconnaîtrez pas vous-même que vos sentiments vous poussent à l'homosexualité. Mais jusque-là, déterminez comment vous voulez vivre. Tant que vous ne faites de mal à personne et que vous croyez que c'est bon pour vous, faites-le.

Ayant commencé ce livre par un regard sur l'évolution de la famille occidentale, il n'est que normal que nous le terminions en nous interrogeant encore sur la famille. En ce début de nouveau millénaire, la famille présente une image complexe. Les familles restées intactes deviennent rares et les familles reconstituées et mélangées deviennent la norme. Les parallèles entre les familles reconstituées et les familles gaies sont trop importants pour qu'on les ignore. Après un divorce, une famille peut être formée des membres suivants :

Mère biologique et beau-père
Père biologique et belle-mère

Grands-parents maternels
Grands-parents paternels
Parents du beau-père = vos nouveaux « beaux »-
   grands-parents
Parents de la belle-mère = vos nouveaux « beaux »-
   grands-parents

À part quelques points, les familles dont un des parents est gai présentent un aspect remarquablement semblable. Essayez, par exemple, de placer votre propre famille dans le modèle ci-dessous :
Mère biologique lesbienne et partenaire féminine
   (nouveau beau-parent)
Père biologique et belle-mère
Grands-parents maternels
Grands-parents paternels
Parents de la partenaire féminine = vos nouveaux
   « beaux »-grands-parents
Parents de la belle-mère = vos nouveaux « beaux »-
   grands-parents

Les parents ne sont pas des dieux capables de créer un monde qui accepte leurs enfants comme ils sont, avec leurs forces et leurs faiblesses. Au lieu de cela, vos parents vous donnent leur amour et assurent votre subsistance. Ils sont sensibles à vos besoins, vous encouragent à développer vos capacités, vous guident et vous imposent des limites. En faisant cela, vos parents vous permettent de devenir un être équilibré. Alors, si votre parent le fait, son orientation sexuelle devrait-elle avoir la moindre importance ?

Pour plus de renseignements

BELGIQUE

Association Contact
Permanence téléphonique : 41 80 34 91

Alliàge
www.alliage.be
45, rue des Bayards
4000 Liège
Tél. : 04 228 04 77
Courriel : courrier@alliage.be

FRANCE

Ligne Azur
Tél. : 0801 20 30 40
Du lundi au samedi, de 17 h à 21 h

Centre gai et lesbien
www.cglparis.org
3, rue Keller
75011 Paris
Tél. : 01 43 57 21 47

Association Contact
– À Paris
84, rue Saint-Martin
75004 Paris
Permanence téléphonique : 01 54 04 35
– En province
• 49/51 rue du Maréchal Joffre
44 000 Nantes
Permanence téléphonique : 02 40 29 37 33
o 2, rue Saint-Laurent
13001 Marseille
Permanence téléphonique : 04 91 91 13 02
• BP 80
59370 Mons-en-Baroeul
• 9, rue Stéphane Mallarmé
79800 Saint-Étienne-du-Rouvray

Écoute Gaie
01 44 93 01 02

Homofil
04 91 06 42 41

Enfants de parents gays ou lesbiens
homoparentalite.free.fr/etudes/enfpargaylesb.htm

Association des Parents et futurs parents gays et lesbiens
www.france.qrd.org/assocs/apgl/apgl.html

Homoparentalité
www.homoparentalite.org
Courriel : postmaster@homoparentalite.org

Ressources pour parents et futurs parents lesbiens et gays
www.gayparentmag.com

Atelier homoparentalité de l'Association Marseille arc-en-ciel
perso.wanadoo.fr/homoparentalite-maec
Courriel : michelmorin13@wanadoo.fr

Mouvement des homosexuel(les) pour le changement
membres.lycos.fr/mhchbv/monde.htm
Courriel : mhchbv@yahoo.fr

SUISSE

Gayromandie
gayromandie.ch
Courriel : info@gayromandie.ch

Dialogai
www.dialogai.ch
11-13 rue de la Navigation
Case Postale 69
1211 Genève 21
Tél. : 41 22 906 40 40
Téléc. : 41 22 906 40 44
Courriels : dialogai@dialogai.ch
secretariat@dialogai.ch
comite@dialogai.ch

VoGay
www.vogay.ch
Chemin des épinettes 10
CP 894
1000 Lausanne 9
Tél.. : 021 601 46 15
Téléc. : 021 601 46 17
Courriel : vogay@worldcom.ch

QUÉBEC

Gai Écoute
www.gai-ecoute.qc.ca

Gai Écoute inc.
C.P. 1006
Succursale C
Montréal,Qc
H2L 4V2
Tél. : 514-866-0103
1 888 505-1010
Courriel : courrier@gai-ecoute.qc.ca

Fondation Émergence
www.emergence.qc.ca
C.P. 1006, Succursale C
Montréal, Qc
H2L 4V2
Tél. : (514) 866-6788
Téléc. : (514) 866-8157
Courriel : fondation@emergence.qc.ca

Jeunesse J'écoute
jeunesse.sympatico.ca/aide
Tél. : 1 800 668-6868

Tél-Aide
Québec : tél. : (418) 686-2433, sans frais : 1 877 700-2433
Montréal : tél : (514) 935-1101
Outaouais : (819) 741-6433, sans frais : 1 800 567-9699
Valleyfield : (450) 377-0600 ou (450) 452-2727

Tel-Jeunes
www.teljeunes.com
Montréal : (514) 288-2266
Sans frais : 1 800 263-2266

Association des mères lesbiennes de Montréal
courriel : monicole@citenet.net
pages.citenet.net/users/monicole/index_f.html

Association des gays et lesbiennes sur Internet
www.algi.qc.ca
C.P. 476, Succursale C

Montréal, Qc
H2L 4K4
Tél. : (514) 528-8424
Téléc. : (514) 528-9708
Courriel : info@algi.qc.ca

Association des pères gais de Montréal
C.P. 455, Succursale C
Montréal, Qc
H2L 4K4
Tél. : (514) 990-6014
Courriel : peresgais@iquebec.com

Groupe de parents gays de Québec
www.algi.qc.ca/asso/gpglq/index.html
Marc : (418) 524-2460
Claude : (418) 658-4778
Courrier : G.P.G.L.Q
455, Père Lacombe
Québec, QC
G1K 1A1
Courriel : parents gaiquebec@hotmail.com

Centre de référence et d'écoute Halte-Ami
www.unites.uqam.ca/ecoute
DS-3255, Université du Québec à Montréal,
Pavillon J.-A.- De Sève
320, rue Ste-Catherine Est
Montréal, Québec
Tél. : (514) 987-8509
Courriel : centre_ecoute@uqam.ca

INTERNATIONAL

Association internationale gays et lesbiennes
www.ilga.org